Le veau

Révision : Monique Richard
Correction : Nicole Raymond et Linda Nantel
Infographie : Johanne Lemay
Photos : Tango
Accessoires : Carciofo, Marché Atwater, Montréal

Catalogage avant publication de Bibliothèque et Archives Canada

Vedette principale au titre :
    Veau

    (Tout un plat!)

    1. Cuisine (Veau).   I. Veau de grain du Québec certifié (Association).
    II. Veau de lait du Québec (Association).   III. Collection.

TX749.5.B43V42 2006   641.6'62   C2006-940247-7

Le Veau de grain du Québec et le Veau de lait du Québec
tiennent à remercier Stéphan Boucher pour la recherche et
le développement de la majorité des recettes contenues
dans ce livre. Les autres recettes proviennent de la
collection de recettes du Veau de grain du Québec et du
Veau de lait du Québec. Nous tenons également à remercier
Nathalie Arciero et Liliane Audet pour leur travail minutieux
de correction, d'uniformisation et de relecture.

Pour en savoir davantage sur nos publications,
visitez notre site : **www.edhomme.com**
Autres sites à visiter : www.edjour.com
www.edtypo.com • www.edvlb.com
www.edhexagone.com • www.edutilis.com

02-06

Dépôt légal : 2006
Bibliothèque et Archives nationales du Québec

ISBN 2-7619-2191-7

DISTRIBUTEURS EXCLUSIFS :

• Pour le Canada et les États-Unis :
MESSAGERIES ADP*
955, rue Amherst
Montréal, Québec H2L 3K4
Tél. : (514) 523-1182
Télécopieur : (450) 674-6237
* Filiale de Sogides ltée

• Pour la France et les autres pays :
INTERFORUM
Immeuble Paryseine, 3, Allée de la Seine
94854 Ivry Cedex
Tél. : 01 49 59 11 89/91
Télécopieur : 01 49 59 11 33
Commandes :   Tél. : 02 38 32 71 00
               Télécopieur : 02 38 32 71 28

• Pour la Suisse :
INTERFORUM SUISSE
Case postale 69 - 1701 Fribourg - Suisse
Tél. : (41-26) 460-80-60
Télécopieur : (41-26) 460-80-68
Internet : www.havas.ch
Email : office@havas.ch
DISTRIBUTION : OLF SA
Z.I. 3, Corminbœuf
Case postale 1061
CH-1701 FRIBOURG
Commandes :   Tél. : (41-26) 467-53-33
               Télécopieur : (41-26) 467-54-66
               Email : commande@ofl.ch

• Pour la Belgique et le Luxembourg :
INTERFORUM BENELUX
Boulevard de l'Europe 117
B-1301 Wavre
Tél. : (010) 42-03-20
Télécopieur : (010) 41-20-24
http://www.vups.be
Email : info@vups.be

Gouvernement du Québec – Programme de crédit d'impôt pour
l'édition de livres – Gestion SODEC – www.sodec. gouv. qc. ca

L'Éditeur bénéficie du soutien de la Société de développement des
entreprises culturelles du Québec pour son programme d'édition.

Le Conseil des Arts du Canada
The Canada Council for the Arts

Nous remercions le Conseil des Arts du Canada de l'aide accordée
à notre programme de publication.

Nous reconnaissons l'aide financière du gouvernement du Canada
par l'entremise du Programme d'aide au développement de
l'industrie de l'édition (PADIÉ) pour nos activités d'édition.

tout un plat !

Le veau

Veau de grain du Québec certifié
et Veau de lait du Québec

LES ÉDITIONS DE
L'HOMME

Du veau pour tous les goûts !

Viande raffinée, naturellement tendre et délicate, le veau a un goût subtil qui se marie bien à une multitude de saveurs. C'est une viande à découvrir ou à redécouvrir !

Au menu de ce livre de recettes délectables, vous trouverez d'abord des entrées tout aussi originales que surprenantes, comme des Raviolis de cervelle de veau aux champignons ou des Ris de veau aux agrumes et au romarin. Suivent des sautés et des recettes à cuisson rapide, conçus spécialement pour les gens pressés. Puis, une série de plats principaux sont présentés, allant de la Bavette de veau marinée épicée à l'Osso buco, du classique Veau parmigiana aux Paupiettes de veau à l'alsacienne. Une autre section est consacrée aux grillades, le veau étant un excellent choix pour les soupers d'été sur le barbecue :

brochettes, pavés de veau, côtelettes et bien d'autres coupes, toutes aussi savoureuses pendant la saison estivale.

Pour ceux qui préfèrent les recettes plus traditionnelles, toute une section est réservée aux rôtis et aux mijotés, plats réconfortants qui cuisent lentement et qui répandent leurs odeurs suaves dans toute la maison. Les pâtes et les salades ont également une place de choix, car le veau est vraiment bon à toutes les sauces. Le livre se termine avec une section intitulée «Plats du samedi soir» qui vous mettra l'eau à la bouche.

Une spécialité québécoise !

Le Québec est le plus grand producteur de veau au pays avec 70 % de la production totale du Canada. La raison en est fort simple : une importante partie de la production de lait se fait dans la province et le veau est en quelque sorte un sous-produit du lait – la vache devant se reproduire pour donner du lait. Les producteurs ont valorisé cette ressource et, au fil des années, ils se sont dotés d'infrastructures modernes tout en raffinant leur mode d'élevage. L'utilisation des hormones de croissance est strictement interdite dans l'élevage des veaux. Des normes bien définies ont été mises en place afin d'offrir aux consommateurs des produits d'une qualité remarquable et constante. De plus, un suivi rigoureux est assuré à toutes les phases de la production, de la ferme jusqu'à l'usine de transformation.

Deux choix de veaux, deux veaux de choix!
Fait unique au Québec, deux types de veaux
sont offerts : le **veau de grain** et le **veau de lait**.
Le **veau de grain** reçoit d'abord du lait puis des
aliments solides sont graduellement intégrés à
son alimentation. Après le sevrage, soit vers
l'âge de deux mois, il reçoit du grain et de
l'eau à volonté. Le **veau de lait** reçoit, comme
son appellation l'indique, exclusivement du lait
tout au long de son développement. Grâce à
ces deux formes d'alimentation, le
consommateur a le choix entre du veau de
grain dont la chair est d'un rose plus foncé et
du veau de lait ayant une chair d'un rose plus
pâle.

Autre caractéristique liée à l'alimentation, le
veau de grain est plus goûteux alors que le
veau de lait possède un goût plus délicat. Le
consommateur a donc le choix entre deux
produits de la même famille, mais différents
l'un de l'autre tant du point de vue de la saveur
que de la texture et du prix.

LE VEAU, LA VIANDE SANTÉ PAR EXCELLENCE !

Les Québécois mangent en moyenne 3 kg de
veau par année, ce qui est peu en comparaison
des 32 kg de bœuf, 25 kg de porc et 36 kg de
poulet consommés pour la même période. Bien
que certaines recettes traditionnelles comme
l'osso buco, les escalopes au citron ou à la
crème, la blanquette ou le veau Marengo soient
assez répandues et qu'elles jouissent d'une
grande notoriété auprès des fins connaisseurs

ou des grands cuisiniers, cette viande
délicieuse reste encore à découvrir, surtout
qu'elle est excellente pour la santé ! C'est en
effet une viande extra-maigre, riche en
protéines ainsi qu'en vitamines et minéraux.
Sa teneur en matières grasses varie de 3,0 à
6,7 % selon les coupes, calculée sur la base
de la viande cuite.

Dans une société de plus en plus consciente
de l'importance d'une saine alimentation, le
veau constitue de toute évidence une des
viandes idéales à consommer. La viande de
veau n'est pas seulement maigre, c'est aussi
une excellente source de vitamine B_{12},
essentielle à la formation des globules rouges ;
c'est de plus une excellente source de zinc,
qui joue un rôle dans la formation des tissus
et assure le bon fonctionnement du système

immunitaire ; c'est enfin une source de fer et de magnésium. D'ailleurs, de plus en plus de médecins, de diététistes et de nutritionnistes recommandent à leur clientèle la consommation de viande de veau, qui s'intègre parfaitement dans un régime alimentaire sain et équilibré.

QUELQUES PRÉCIEUX CONSEILS DE CUISSON

Pour bien apprécier le veau, on doit veiller à ce que la viande reste rosée à l'intérieur, peu importe le type de cuisson. Comme c'est une viande extra-maigre, elle perd son jus lorsqu'elle est trop cuite, donc une partie de sa tendreté.

Les escalopes et les petites pièces de veau, comme les lanières, doivent être cuites à feu vif pendant un très court laps de temps pour demeurer tendres. Cependant, les cubes et les rôtis gagnent à être cuits à feu doux, plus longuement. Cette méthode de cuisson donne à la viande toute sa tendreté et sa saveur particulière. La température des rôtis ne devrait pas dépasser 66 °C (150 °F) afin que la chair reste bien rosée. Un autre conseil pour réussir à tout coup le rôti de veau est de le laisser reposer quelques minutes bien enveloppé de papier d'aluminium avant de le servir. La chaleur et les sucs de la viande se répartiront alors pour offrir une texture plus souple.

VARIEZ VOS MENUS !

Saviez-vous qu'il existe beaucoup plus de coupes de veau que celles que vous pouvez trouver dans les comptoirs des magasins? Les escalopes, les côtelettes ou les jarrets sont très populaires, mais il existe une variété surprenante d'autres coupes : bavettes, cubes à brochettes, faux-filets, tournedos, flancs, jarrets entiers, rôtis d'œil de ronde, grenadins, paupiettes, roulades… Demandez-les à votre boucher, il se fera un plaisir de vous les offrir!

Avec le veau haché, vous pouvez faire des galettes, des kebabs, des keftas, du chili, de la sauce à spaghetti, des tacos. Avec les cubes, préparez des mijotés réconfortants. Avec les lanières, concoctez des sautés, des fajitas, des pâtes. Servez les biftecks, contre-filets, côtes, côtelettes, faux-filets avec les sauces de votre choix. Les escalopes peuvent être roulées, farcies, préparées en nid d'hirondelle. Les rôtis enchantent aussi lorsqu'ils sont farcis… laissez place à votre imagination pour créer les farces. La saveur du veau se marie bien à celle de la tomate, du fromage, du thym et du romarin. De plus, les restes de viande froide sont excellents en sandwich ou en salade composée.

Inspirez-vous de toutes les excellentes recettes offertes dans ce livre, mais ne vous y limitez pas! Ajoutez-y votre grain de sel ou vos ingrédients préférés. Innovez, mais surtout… laissez-vous tenter par le **veau du Québec** et *variez vos menus!*

LA VALEUR NUTRITIVE DU VEAU

VEAU DE GRAIN DU QUÉBEC		
MATIÈRES GRASSES ET GRAS SATURÉS (100 g de viande cuite, maigre)		
Coupes	M.G. (g)	Gras saturés (g)
Côtelette de côtes	6,3	2,7
Rôti d'épaule	3,9	1,7
Escalope	3,0	0,9
Tranche de palette	5,1	2,2

VEAU DE LAIT DU QUÉBEC		
MATIÈRES GRASSES ET GRAS SATURÉS (100 g de viande cuite, maigre)		
Coupes	M.G. (g)	Gras saturés (g)
Côtelette de côtes	6,7	2,8
Rôti d'épaule	3,4	1,4
Escalope	3,4	0,8
Tranche de palette	6,1	2,3

VEAU DE GRAIN DU QUÉBEC						
VITAMINES ET MINÉRAUX (100 g de viande cuite, maigre)						
Coupes	Énergie (kcal)	Protéines (g)	Fer (mg)	Magnésium (mg)	Zinc (mg)	B_{12} (mcg)
Côtelette de côtes	188	30,8	2,3	22,4	4,8	2,6
Rôti d'épaule	169	31,4	2,5	24,2	7,3	3,6
Escalope	183	36,6	1,9	27,5	4,6	3,3
Tranche de palette	193	34,3	3,7	23,8	9,8	3,1

VEAU DE LAIT DU QUÉBEC						
VITAMINES ET MINÉRAUX (100 g de viande cuite, maigre)						
Coupes	Énergie (kcal)	Protéines (g)	Fer (mg)	Magnésium (mg)	Zinc (mg)	B_{12} (mcg)
Côtelette de côtes	184	28,9	2,1	24,0	4,5	2,2
Rôti d'épaule	155	29,0	1,8	23,2	6,1	3,0
Escalope	188	36,8	1,6	28,5	3,1	3,8
Tranche de palette	196	33,1	2,6	23,9	7,8	2,5

Source : Étude sur la valeur nutritive du veau de grain et du veau de lait du Québec, FPBQ, août 2000

Cretons santé de veau

16 portions de 30 g (1 oz) · Cuisson : 45 à 60 min

PREPARATION : 20 MIN

- Dans une casserole, mélanger le veau, l'ail, l'oignon, le thym, le clou de girofle, le sel et le poivre. Recouvrir d'eau.

- Cuire à feu doux de 45 à 60 min, jusqu'à l'évaporation complète de l'eau.

- Ajouter la moutarde, le persil et la pâte de tomates. Bien mélanger. Mettre dans des petits contenants et laisser refroidir.

- On peut mettre les cretons dans des moules à glaçons et les congeler. On décongèle seulement la portion nécessaire pendant quelques secondes au four à micro-ondes.

INGRÉDIENTS

- 480 g (1 lb) de veau haché
- 2 gousses d'ail, hachées
- $\frac{1}{2}$ oignon, haché finement
- $\frac{1}{2}$ c. à café ($\frac{1}{2}$ c. à thé) de thym séché
- $\frac{1}{2}$ c. à café ($\frac{1}{2}$ c. à thé) de clou de girofle moulu
- Sel et poivre du moulin au goût
- Eau
- 1 c. à soupe de moutarde de Dijon
- 1 c. à soupe de persil italien frais, haché
- 1 c. à soupe de pâte de tomates

1 2   E N T R É E S

Raviolis de cervelle de veau aux champignons

16 raviolis : 8 portions (entrée), 4 (plat principal)
Cuisson : 40 min · Temps d'attente : 2 h

FARCE

- 480 g (1 lb) de cervelle de veau
- Sel et poivre du moulin
- 4 c. à soupe de beurre
- 60 g (1 tasse) de champignons de Paris, émincés
- 1 échalote française, ciselée
- 1 gousse d'ail, hachée finement
- 1 brin de thym frais

RAVIOLIS

- 2 c. à soupe de farine
- 125 ml (½ tasse) d'eau
- ½ paquet de pâtes à rouleaux impériaux de 908 g (environ 30 oz)

- 2 c. à soupe d'huile d'olive
- 2 c. à soupe de beurre
  375 ml (1 ½ tasse) de bouillon de poulet
- Ciboulette

FARCE

• Rincer délicatement les cervelles à l'eau froide deux ou trois fois afin de les débarrasser des membranes et des vaisseaux sanguins qui les entourent. Dans un bol rempli d'eau froide, laisser dégorger les cervelles au réfrigérateur pendant au moins 2 h.

• Égoutter les cervelles et les éponger avec un papier absorbant. Les couper en petits morceaux de 2 x 2 cm (1 x 1 po). Saler généreusement et poivrer. Dans une grande poêle antiadhésive, faire revenir les morceaux de cervelle, une moitié à la fois, dans 2 c. à soupe de beurre en les retournant délicatement. Cuire à feu moyen-élevé environ 5 min ou jusqu'à ce que tous les côtés soient bien colorés. Réserver.

• Dans la même poêle, ajouter 2 c. à soupe de beurre et faire revenir les champignons, l'échalote, l'ail et le thym à feu moyen pendant 5 min, jusqu'à ce que l'eau de végétation soit complètement évaporée. Saler et poivrer durant la cuisson. Jeter le thym, réserver le mélange de champignons avec les cervelles et laisser tiédir.

RAVIOLIS

• Dans un petit bol, délayer la farine dans l'eau afin d'obtenir un liant très liquide. Étaler une dizaine de pâtes à rouleaux impériaux sur une surface de travail. Badigeonner le pourtour des pâtes avec le liant. Au centre de chaque pâte, mettre une cuillerée du mélange de cervelle et de champignons. Refermer la pâte sur la garniture de façon à former un triangle. Bien presser le pourtour pour sceller les raviolis.

• Dans une grande poêle antiadhésive, chauffer l'huile et le beurre à feu moyen-élevé et faire colorer 6 raviolis à la fois, sur les 2 côtés.

• Mettre tous les raviolis dans la poêle et ajouter le bouillon de poulet. Porter à ébullition et couvrir. Cuire les raviolis 3 à 5 min ou jusqu'à ce que la pâte soit cuite. Poursuivre la cuisson à découvert et laisser réduire le bouillon de moitié.

• Servir dans des assiettes creuses et garnir de ciboulette.

Ris de veau aux agrumes
et au romarin

4 à 6 portions · Cuisson : 40 min · Temps d'attente : 8 à 12 h

- 720 g (1 ½ lb) de ris de veau
- Eau
- Sel et poivre du moulin
- Le zeste et le jus d'un citron
- Le zeste et le jus d'une orange
- 3 c. à soupe de miel
- 2 c. à soupe d'huile d'olive
- 2 c. à soupe de beurre
- 1 brin de romarin
- 250 ml (1 tasse) de sauce demi-glace
- 1 tomate, en dés

• Rincer les ris de veau à l'eau froide deux ou trois fois. Parer les ris de veau des nerfs et de l'excédent de gras qui pourraient recouvrir la membrane (votre boucher s'est habituellement acquitté de cette tâche). Immerger les ris de veau dans de l'eau froide et les laisser dégorger pendant une nuit au réfrigérateur.

• Le lendemain, porter à ébullition une casserole de 1,5 litre (6 tasses) remplie à moitié d'eau et ajouter 1 c. à café (1 c. à thé) de sel. Ajouter les ris de veau et laisser pocher 3 min. Égoutter et refroidir rapidement dans de l'eau glacée.

• Retirer délicatement l'excédent des membranes qui recouvrent les ris de veau puis les éponger avec un papier absorbant. Réserver les ris de veau au réfrigérateur pendant quelques heures.

• Faire bouillir les zestes dans 125 ml (½ tasse) d'eau pendant 2 min. Égoutter, refroidir à l'eau froide et remettre dans la casserole en y ajoutant le jus des agrumes et le miel. Cuire à feu très doux environ 20 min ou jusqu'à ce que le mélange devienne sirupeux. Réserver.

• Sortir les ris de veau du réfrigérateur au moins 10 min avant de les cuisiner. Les saler et les poivrer. Dans une poêle, chauffer l'huile à feu moyen-élevé et faire colorer les ris pendant 5 min. Réduire la chaleur au besoin et rôtir les ris de tous les côtés 5 min supplémentaires. Jeter le gras de cuisson.

• Ajouter le beurre et le romarin et continuer de braiser doucement en arrosant fréquemment les ris de veau avec le beurre fondu pendant 5 min, jusqu'à ce qu'ils soient croustillants. Retirer les ris de veau de la poêle et réserver au chaud.

• Ajouter le sirop d'agrumes et la sauce demi-glace dans la poêle. Déglacer en raclant le fond de la poêle à l'aide d'une cuillère de bois pour récupérer les sucs de viande. Laquer les ris de veau avec ce sirop.

• Garnir de dés de tomate et servir immédiatement avec une purée de panais et des asperges vapeur.

Soupe-repas italienne
aux boulettes de veau

PRÉPARATION : 35 MIN

- 480 g (1 lb) de veau haché
- 2 œufs
- 7 g (¼ tasse) de persil italien frais, haché finement
- 60 g (½ tasse) de parmesan, râpé
- 60 g (½ tasse) de chapelure
- Sel et poivre du moulin
- 3 c. à soupe d'huile d'olive

- 1 c. à soupe d'huile d'olive
- 1 oignon, ciselé
- 1 branche de céleri, en dés
- 2 carottes, pelées et coupées en dés
- ½ poivron rouge, en lanières
- 1 litre (4 tasses) de bouillon de poulet
- 1 boîte de 398 ml (14 oz) de tomates à l'italienne, en dés
- 2 courgettes, en petits dés
- 2 c. à soupe de pesto
- Huile d'olive

- Dans un bol, mélanger le veau, les œufs, le persil, le parmesan et la chapelure. Saler et poivrer. Façonner la viande en petites boulettes de grosseur uniforme. Afin de faciliter la confection des boulettes, s'enduire les mains d'huile d'olive. Réserver au réfrigérateur.

- Dans une grande casserole, chauffer l'huile à feu moyen-doux et faire revenir l'oignon, le céleri, les carottes et le poivron à mi-couvert pendant 10 min, en remuant régulièrement.

- Verser le bouillon de poulet et les tomates et porter à ébullition.

- Ajouter les boulettes et les faire pocher 10 min ou jusqu'à ce qu'elles remontent à la surface.

- Ajouter les courgettes. Saler et poivrer. Porter à ébullition et cuire à feu moyen 5 min.

- Dans un petit bol, mélanger le pesto avec un peu d'huile et garnir chaque bol de soupe d'une cuillerée de pesto dilué.

NOTE : On peut ajouter, en fin de cuisson, 75 g (1 tasse) de petites pâtes alimentaires cuites.

SAUTÉS ET REPAS MINUTE

Biftecks d'intérieur de ronde de veau, sauce au thé et aux griottes

4 portions · Cuisson : 15 min

• Dans une grande poêle, chauffer l'huile et le beurre à feu moyen-élevé et cuire les biftecks environ 2 min de chaque côté pour bien les colorer, en les retournant une seule fois. Saler et poivrer durant la cuisson.

• Retirer les biftecks de la poêle, les mettre dans une assiette puis recouvrir de papier d'aluminium et laisser reposer 5 min. Jeter le gras de cuisson.

• Verser le thé dans la poêle en raclant le fond à l'aide d'une cuillère de bois pour récupérer les sucs de viande. Porter à ébullition et laisser réduire 1 min. Ajouter la sauce demi-glace, la gelée de griottes, les cerises, le gingembre et le zeste de citron. Laisser mijoter 7 min.

• Remettre les biftecks dans la sauce pour bien les réchauffer.

• Ajouter la chiffonnade de basilic. Vérifier l'assaisonnement et servir avec une purée de pommes de terre aux petits pois.

- 1 c. à soupe d'huile d'olive
- 1 c. à soupe de beurre
- 4 biftecks d'intérieur de ronde de veau de 150 g (5 oz) chacun
- Sel et poivre du moulin
- 175 ml (³/₄ tasse) de thé noir, très corsé
- 125 ml (¹/₂ tasse) de sauce demi-glace
- 60 ml (¹/₄ tasse) de gelée de griottes
- 40 g (¹/₃ tasse) de cerises ou de canneberges séchées
- 1 c. à soupe de gingembre frais, haché
- 2 c. à café (2 c. à thé) de zeste de citron
- 7 g (¹/₄ tasse) de basilic en chiffonnade

Biftecks de faux-filet de veau à la provençale

4 portions · Cuisson : 15 min

• Dans une grande poêle à fond épais, chauffer 1 c. à soupe d'huile et le beurre à feu élevé jusqu'à ce que le beurre mousse. Saler et poivrer les biftecks puis les saisir 3 à 4 min de chaque côté en les retournant une seule fois pendant la cuisson.

• Retirer les biftecks de la poêle, les réserver au chaud dans une grande assiette et recouvrir de papier d'aluminium. Jeter le gras de cuisson.

• Verser 2 c. à soupe d'huile, ajouter les oignons verts et les poivrons et laisser cuire 5 min à feu doux. Ajouter le reste des ingrédients et chauffer 2 min.

• Dresser les biftecks dans des assiettes chaudes et garnir avec la fricassée de poivrons. Servir avec une salade de fenouil ou des pâtes à la crème bien poivrées.

- 3 c. à soupe d'huile d'olive
- 1 c. à soupe de beurre
- 4 biftecks de faux-filet de veau de 150 g (5 oz) chacun
- Sel et poivre du moulin au goût
- 3 oignons verts, émincés
- 60 g (¹/₂ tasse) de poivrons rouges, rôtis et coupés en lanières
- 30 g (¹/₄ tasse) d'olives noires Kalamata, dénoyautées et hachées grossièrement
- 2 c. à soupe de câpres
- 1 gousse d'ail, hachée
- ¹/₄ c. à café (¹/₄ c. à thé) de piments broyés
- 1 c. à soupe de basilic en chiffonnade

Biftecks d'intérieur de ronde de veau, sauce au thé et aux griottes

Biftecks de faux-filet de veau caramélisés au vinaigre balsamique et au thym

4 portions · Cuisson : 15 min

- 4 biftecks de faux-filet de veau de 150 g (5 oz) chacun
- Sel et poivre du moulin
- 3 c. à soupe de sucre d'érable ou de cassonade (sucre roux)
- 2 c. à soupe d'huile d'olive
- 1 c. à soupe de beurre
- 3 c. à soupe de vinaigre balsamique
- 125 ml (½ tasse) de sauce demi-glace
- 4 brins de thym frais

• Saler et poivrer la viande. Saupoudrer le sucre d'érable sur les 2 côtés des biftecks. Dans une poêle à fond très épais, chauffer l'huile à feu moyen-élevé et cuire les biftecks 3 min de chaque côté ou jusqu'à ce que les 2 côtés soient bien caramélisés, en réduisant la chaleur au besoin pour éviter de brûler la viande.

• Retirer les biftecks de la poêle et les réserver au chaud dans une assiette puis recouvrir de papier d'aluminium.

• Déglacer la poêle avec le vinaigre balsamique en raclant le fond à l'aide d'une cuillère de bois pour récupérer les sucs de viande et laisser réduire de moitié, pendant environ 30 sec. Ajouter la sauce demi-glace et le thym. Porter à ébullition et laisser mijoter 5 min ou jusqu'à ce que la sauce ait une consistance permettant de napper le dos d'une cuillère.

• Dresser les biftecks dans 4 assiettes et napper avec la sauce. Servir avec des panais et des carottes rôtis au four.

Côtelettes de veau gratinées à l'oignon rouge et à l'aneth

4 portions · Cuisson : 10 min

- 4 côtelettes de veau d'au moins 180 g (6 oz) chacune
- Sel et poivre du moulin au goût
- 2 c. à soupe d'huile d'olive

GARNITURE
- 60 g (⅔ tasse) d'oignons rouges, hachés finement
- 80 ml (⅓ tasse) de mayonnaise
- 7 g (¼ tasse) d'aneth frais
- 4 c. à café (4 c. à thé) de moutarde à l'ancienne

• Saler et poivrer les côtelettes de veau. Dans une grande poêle, cuire les côtelettes dans l'huile à feu moyen, de 2 à 3 min de chaque côté pour bien les colorer, en les retournant une seule fois durant la cuisson.

• Retirer les côtelettes de la poêle et les mettre sur une plaque de cuisson recouverte de papier d'aluminium. Préchauffer l'élément supérieur du four à intensité maximale (broil).

• Dans un petit bol, mélanger tous les ingrédients de la garniture puis recouvrir la surface des côtelettes avec ce mélange.

• Cuire à 10 cm (3 po) de l'élément supérieur du four 5 min ou jusqu'à ce que le dessus soit bien coloré. Servir avec une poêlée de pâtes trois couleurs.

D1401805

Escalopes de veau au citron

6 portions · Cuisson : 8 min

- Le zeste de 3 citrons
- 125 ml (½ tasse) d'eau
- 100 g (½ tasse) de sucre blanc

- 2 c. à soupe d'huile d'olive
- 6 escalopes de veau de 150 g (5 oz) chacune

- 175 ml (¾ tasse) de vin blanc sec
- Le jus de 3 citrons
- 120 g (½ tasse) de beurre froid, en cubes de 1,5 cm (¾ po)
- 2 c. à soupe de ciboulette, ciselée
- 2 c. à soupe de basilic, ciselé finement
- 2 c. à soupe de persil italien frais, ciselé finement

- Quelques feuilles entières de basilic pour garnir

• Dans une petite casserole, combiner le zeste, l'eau et le sucre. Porter à ébullition et laisser mijoter doucement environ 20 min afin de faire confire le zeste. Retirer le zeste et réserver.

• Chauffer l'huile dans une grande poêle à feu moyen-élevé. Ajouter les escalopes et cuire environ 1 min de chaque côté. Mettre les escalopes dans une grande assiette et garder au chaud.

• Chauffer la poêle à feu moyen. Ajouter le vin et faire réduire de moitié. Verser le jus de citron et faire réduire 2 min. Ajouter le beurre, quelques cubes à la fois, en fouettant bien entre chaque addition. Incorporer les herbes à la sauce ainsi que la moitié du zeste confit. Cette sauce ne doit pas bouillir si on prévoit la réchauffer.

• Dresser les escalopes dans les assiettes et napper avec la sauce. Garnir de basilic et de zeste confit. Servir avec des quartiers de pommes de terre rôties au four avec de l'huile d'olive et des herbes de Provence.

Escalopes de veau saltimbocca

4 portions · Cuisson : 5 min

- 3 gousses d'ail
- Une pincée de sel
- 8 escalopes de veau de 75 g (2 ½ oz) chacune ou 4 escalopes de veau de 150 g (5 oz) chacune, coupées en deux
- 12 feuilles de sauge
- 90 g (3 oz) de prosciutto (4 tranches)
- 2 c. à soupe d'huile d'olive
- Sel et poivre du moulin au goût
- 125 ml (½ tasse) de jus de pomme non sucré

• Écraser les gousses d'ail à l'aide d'un couteau du chef en pressant le côté de la lame sur les gousses d'ail et mélanger avec une pincée de sel pour obtenir une pâte d'ail.

• Tartiner chaque escalope avec la pâte d'ail. Mettre 3 feuilles de sauge et une tranche de prosciutto sur chacune des 4 escalopes et recouvrir avec les 4 dernières escalopes pour former un sandwich. Fixer le tout avec quelques petits bâtonnets de bois (cure-dents) au besoin.

• Dans une poêle, chauffer 1 c. à soupe d'huile à feu élevé. Poivrer les escalopes et les saisir, deux à la fois, 1 à 2 min de chaque côté en les retournant une seule fois. Retirer les escalopes de la poêle et les réserver au chaud dans une grande assiette.

• Déglacer avec le jus de pomme et racler le fond de la poêle avec une cuillère de bois pour récupérer les sucs de viande. Laisser réduire 2 min et verser sur les escalopes.

• Servir avec une salade de roquette et de poires.

Foie de veau
au vinaigre de framboise

4 portions · Cuisson : 10 min

- 4 c. à soupe de beurre
- 1 c. à soupe d'huile d'olive
- 4 tranches de 150 g (5 oz) de foie de veau de 1 cm (½ po) d'épaisseur
- Sel et poivre du moulin au goût
- 4 c. à soupe de vinaigre de framboise
- 1 c. à soupe de miel
- 125 ml (½ tasse) de sauce demi-glace ou de fond de veau
- 60 g (½ tasse) de framboises surgelées (facultatif)

• Chauffer 2 c. à soupe de beurre et l'huile dans une grande poêle antiadhésive à feu moyen-élevé jusqu'à ce que le beurre mousse. Saler et poivrer les tranches de foie de veau. Cuire les tranches de foie 1 à 2 min de chaque côté, selon l'épaisseur. Le foie doit être encore légèrement rosé à l'intérieur. Retirer les tranches de la poêle, les réserver au chaud dans une assiette et recouvrir de papier d'aluminium. Jeter le gras de cuisson.

• Déglacer avec le vinaigre de framboise. Ajouter le miel et la sauce demi-glace. Cuire à feu vif jusqu'à ce que la sauce ait réduit de moitié. Ajouter les framboises et chauffer 1 min.

• Retirer du feu, ajouter 2 c. à soupe de beurre et bien mélanger. Réserver au chaud.

• Dresser les tranches de foie dans les assiettes et napper avec la sauce. Servir avec des haricots verts et des pommes de terre vapeur.

Escalopes de veau, sauce crème à l'estragon et aux cornichons

4 portions · Cuisson : 15 min

• Chauffer l'huile dans une grande poêle à feu moyen-élevé. Ajouter les escalopes, deux à la fois, et cuire 1 à 2 min de chaque côté. Mettre les escalopes dans une grande assiette chaude et couvrir de papier d'aluminium. Réserver sur la cuisinière. Jeter le gras de cuisson.

• Chauffer la poêle à feu moyen, y mettre le beurre et faire revenir les échalotes 5 min ou jusqu'à ce qu'elles soient translucides.

• Verser le vin et faire réduire de moitié. Ajouter la crème et faire réduire 2 min. Ajouter les cornichons, la moutarde et l'estragon puis vérifier l'assaisonnement.

• Dresser les escalopes dans les assiettes et napper avec la sauce. Servir avec des légumes de votre choix.

- 1 c. à soupe d'huile d'olive
- 4 escalopes de veau de 150 g (5 oz) chacune
- 2 c. à soupe de beurre
- 2 échalotes, émincées
- 125 ml (½ tasse) de vin blanc
- 160 ml (⅔ tasse) de crème 35 %
- 10 cornichons surs gherkin, émincés
- 2 c. à soupe de moutarde de Dijon
- 2 c. à soupe d'estragon frais

Sauté de veau à l'orientale

4 portions · Cuisson : 20 min

SAUCE

- 175 ml (³/₄ tasse) de bouillon de poulet
- 60 ml (¹/₄ tasse) de sauce hoisin
- 2 c. à soupe de brandy ou de mirin (facultatif)
- 1 c. à soupe de fécule de maïs

- 5 c. à soupe d'huile d'arachide
- 1 oignon rouge, en tranches fines
- 2 patates douces, coupées en deux sur la longueur et en tranches fines
- 180 g (6 oz) de pois mange-tout, parés
- 1 boîte de 227 ml (8 oz) de châtaignes d'eau, rincées et égouttées
- 3 gousses d'ail, en tranches fines
- 480 g (1 lb) de veau, en lanières
- 2 c. à café (2 c. à thé) d'huile de sésame grillé
- Sel et poivre du moulin au goût
- 4 oignons verts, coupés en biais

• Dans un petit bol, mélanger à l'aide d'une fourchette tous les ingrédients de la sauce et réserver.

• Chauffer une grande poêle ou un wok à feu élevé environ 3 min, jusqu'à ce qu'une goutte d'eau jetée à la surface s'évapore immédiatement.

• Verser 2 c. à soupe d'huile d'arachide et l'étendre sur toute la surface du wok. Y mettre l'oignon et cuire 3 min en remuant quelques fois. Ajouter les patates douces et les faire sauter environ 5 min. Ajouter un peu d'huile au besoin. Ajouter les pois mange-tout, les châtaignes d'eau et l'ail et les faire sauter 3 min. Réserver dans un bol.

• Verser 1 c. à soupe d'huile d'arachide, en prenant soin de bien chauffer le wok au préalable, et sauter la moitié des lanières de veau de 3 à 5 min, jusqu'à ce que la viande soit bien saisie. Réserver avec les légumes. Recommencer l'opération avec le reste de la viande.

• Verser la sauce réservée dans le wok, porter à ébullition en remuant sans cesse et laisser mijoter 1 min.

• Remettre les légumes et les lanières de veau dans le wok et réchauffer quelques minutes. Verser l'huile de sésame grillé. Saler et poivrer. Garnir d'oignons verts.

GRILLADES

Bavette de veau marinée épicée

6 portions · Cuisson : 15 min · Macération : 4 h

- À l'aide d'un couteau bien affûté, pratiquer des incisions dans la bavette d'environ 3 mm (1/8 po) de profondeur sur les deux côtés de la viande. Dans un sac de congélation ou dans un plat peu profond, mélanger tous les ingrédients de la marinade. Mettre la bavette dans le sac de congélation en prenant soin de bien enrober toutes les parties de la viande et bien refermer. Faire mariner au moins 4 h au réfrigérateur ou toute une nuit.

- Retirer la viande de la marinade et réserver celle-ci. Dans une poêle à fond cannelé (strié) ou sur la grille du barbecue préchauffé, cuire à feu moyen-élevé environ 5 min de chaque côté en retournant une seule fois pendant la cuisson. La viande doit rester rosée à l'intérieur. Retirer du feu et laisser reposer 5 min.

- Verser la marinade dans une casserole, porter à ébullition et laisser cuire quelques minutes.

- Couper la viande dans le sens contraire à la fibre en tranches de 6 mm (1/4 po) d'épaisseur et les mettre dans une assiette. Napper la viande avec la sauce chaude et servir immédiatement.

- Accompagner de tranches de pommes de terre grillées et d'une salade verte.

- 1 kg (2 lb) de bavette de veau

MARINADE
- 125 ml (1/2 tasse) de jus de légumes
- 65 g (1/3 tasse) de cassonade (sucre roux), bien tassée
- 80 ml (1/3 tasse) de sauce soja
- 60 ml (1/4 tasse) d'huile d'olive
- 2 gousses d'ail, écrasées
- 2 c. à café (2 c. à thé) de piments broyés

Brochettes de veau à l'érable et aux herbes salées

4 portions · Cuisson : 10 min · Macération : 2 h

- Dans un plat peu profond, mélanger tous les ingrédients de la marinade et réserver. Enfiler les cubes de veau sur des brochettes de bois, en alternant avec les morceaux de poivron et les oignons verts (intercaler un morceau d'oignon vert entre chaque élément) et mettre les brochettes dans le plat en prenant soin de bien les enrober avec la marinade. Laisser mariner environ 2 h au réfrigérateur ou toute une nuit.

- Cuire les brochettes sur la grille du barbecue ou dans le haut du four à 10 cm (4 po) de l'élément supérieur à intensité maximale *(broil),* environ 10 min, en les retournant quelques fois pendant la cuisson.

- Servir aussitôt avec une salade de betteraves et de carottes et des quartiers de citron vert (lime).

- 720 g (1 1/2 lb) de cubes de veau (16 morceaux)
- 1 poivron rouge, en gros morceaux (12)
- 4 oignons verts, en tronçons de 5 cm (2 po)

MARINADE
- 80 ml (1/3 tasse) de sirop d'érable
- 60 ml (1/4 tasse) d'huile d'arachide
- 2 c. à soupe d'herbes salées
- 2 c. à soupe de sauce soja

Brochettes de veau
salsa de tomates et d'olives

4 portions · Cuisson : 10 min · Macération : 2 h

PRÉPARATION : 30 MIN

- 720 g (1 ½ lb) de cubes de veau (16 morceaux)
- 4 c. à soupe d'huile d'olive
- 1 c. à soupe d'herbes de Provence
- 1 c. à café (1 c. à thé) de graines d'anis

SALSA DE TOMATES ET D'OLIVES
- 400 g (2 tasses) de tomates de différentes variétés, en dés de 6 mm (¼ po)
- 60 g (½ tasse) d'olives Kalamata, dénoyautées et hachées grossièrement
- 7 g (¼ tasse) de persil italien frais, haché grossièrement
- 7 g (¼ tasse) de basilic frais, émincé
- 3 c. à soupe de jus de citron
- Sel et poivre du moulin

- 80 ml (⅓ tasse) d'huile d'olive
- 2 gousses d'ail, hachées

• Dans un plat peu profond, mélanger les cubes de veau, l'huile, les herbes de Provence et les graines d'anis. Laisser macérer 2 h au réfrigérateur ou toute une nuit.

• Mélanger tous les ingrédients de la salsa, à l'exception de l'huile et de l'ail. Réserver. Cette opération peut se faire la veille.

• Préchauffer le barbecue.

• Enfiler les cubes de veau sur des brochettes.

• Cuire les brochettes sur la grille du barbecue ou dans le haut du four à 10 cm (4 po) de l'élément supérieur à intensité maximale *(broil)*, environ 10 min, en les retournant quelques fois pendant la cuisson. Saler et poivrer.

• Dans une grande poêle, chauffer l'huile à feu doux et faire cuire l'ail 1 min, jusqu'à ce que l'odeur embaume l'air. Ajouter le mélange de la salsa et chauffer quelques minutes, juste assez pour le tiédir.

• Disposer les brochettes sur un nid d'orzo et napper avec la salsa de tomates et d'olives.

Côtelettes de veau au miel et aux abricots

4 portions · Cuisson : 15 min

- Dans un petit bol, faire tremper les abricots dans l'eau tiède pendant 20 min. Réserver les abricots et conserver l'eau de trempage.

- Verser le jus de citron vert et le vin dans une casserole. Cuire de 2 à 3 min, en remuant sans cesse. Mélanger le sachet de sauce demi-glace dans 175 ml (³/₄ tasse) d'eau des abricots et ajouter la sauce dans la casserole avec le miel. Porter à ébullition en remuant sans cesse à l'aide d'un fouet.

- Huiler la grille du barbecue et le préchauffer. Badigeonner les côtelettes d'huile et les cuire 5 min de chaque côté ou jusqu'à ce que la viande soit rosée. Saler et poivrer.

- Couper les abricots égouttés en quatre, les ajouter à la sauce avec le beurre et le poivre vert. Laisser mijoter 3 min, en remuant de temps en temps.

- Napper les côtelettes de sauce et les accompagner de pâtes trois couleurs.

- 150 g (³/₄ tasse) d'abricots séchés
- 250 ml (1 tasse) d'eau tiède
- Le jus d'un citron vert (lime)
- 125 ml (¹/₂ tasse) de vin blanc sec
- 1 sachet de sauce demi-glace
- 2 c. à soupe de miel
- 1 c. à soupe d'huile végétale
- 4 côtelettes de veau de 2,5 cm (1 po) d'épaisseur
- Sel et poivre du moulin
- 1 c. à soupe de beurre
- 1 c. à café (1 c. à thé) de grains de poivre vert

Galettes de veau farcies au fromage de chèvre frais

4 à 6 portions · Cuisson : 15 min

- Dans un bol, mélanger le veau haché, le sel, le poivre et le jus de légumes.

- Mélanger le fromage de chèvre avec le mélange de persil, de basilic et d'estragon et le thym.

- Diviser la viande en 8 parts et l'aplatir en galettes.

- Mettre le quart du mélange de fromage de chèvre aux herbes sur chacune des 4 galettes et les recouvrir avec les autres galettes. Bien sceller les rebords des galettes de façon à emprisonner le fromage à l'intérieur.

- Chauffer à blanc une poêle à fond cannelé (strié) ou le barbecue à feu moyen-élevé pendant quelques minutes. Badigeonner les galettes de veau d'huile et les cuire environ 5 min de chaque côté, ou jusqu'à ce que la viande soit bien cuite, en les retournant une seule fois et sans les aplatir avec la spatule.

- Dans une petite casserole, faire revenir les échalotes dans un peu d'huile à feu moyen pendant quelques minutes en remuant régulièrement. Verser le vin et laisser réduire 1 ou 2 min. Ajouter la sauce demi-glace et laisser mijoter 2 min.

- Napper les hamburgers avec la sauce. Servir avec un légume vert et une purée de pommes de terre.

- 600 g (1 ¹/₄ lb) de veau haché
- Sel et poivre du moulin
- 3 c. à soupe de jus de légumes
- 120 g (4 oz) de fromage de chèvre frais non affiné
- 1 c. à soupe de mélange de persil, de basilic et d'estragon, hachés
- ¹/₄ c. à café (¹/₄ c. à thé) de thym
- 1 c. à soupe d'huile d'olive
- 2 échalotes françaises, hachées
- 3 c. à soupe de vin blanc
- 125 ml (¹/₂ tasse) de sauce demi-glace

Côtelettes de veau au miel et aux abricots

PRÉPARATION : 20 MIN

- 1 oignon, haché grossièrement
- 1 morceau de gingembre frais de 2,5 cm (1 po)
- 3 c. à soupe de yogourt nature
- 4 gousses d'ail
- 2 piments forts, hachés grossièrement
- 3 c. à soupe de feuilles de coriandre, hachées grossièrement
- 1 c. à café (1 c. à thé) de graines de cumin, écrasées
- Sel et poivre du moulin
- 480 g (1 lb) de veau haché
- Huile d'olive

• À l'aide d'un robot de cuisine, mélanger l'oignon, le gingembre et le yogourt. Ajouter l'ail, les piments forts, la coriandre et le cumin et mélanger jusqu'à l'obtention d'une purée. Au besoin, racler les rebords du récipient à l'aide d'une spatule. Saler et poivrer.

• Dans un bol, ajouter cette pâte épicée au veau haché et bien mélanger. Diviser la viande en 16 parts d'environ 2 c. à soupe. Façonner en boulettes avant d'aplatir en galettes de 5 cm (2 po) de diamètre.

• Préchauffer le barbecue.

• Enfiler 4 petites galettes par brochette métallique. Badigeonner la viande d'huile. Cuire les kebabs sur la grille du barbecue ou dans le haut du four à 10 cm (4 po) de l'élément supérieur à intensité maximale *(broil)*, environ 10 min, en les retournant quelques fois pendant la cuisson.

• Servir avec du tabboulé, des pitas et du tzatziki.

Le parfait hamburger

PRÉPARATION : 20 MIN

• Dans un bol, mélanger le veau haché, l'oignon, l'ail, la sauce Worcestershire et le poivre. Diviser la viande en 4 portions et les aplatir en galettes.

• Préchauffer le barbecue ou chauffer une poêle à blanc à feu moyen-élevé pendant quelques minutes.

• Dans un petit bol, mélanger la mayonnaise et la sauce barbecue. Réserver.

• Badigeonner les galettes d'huile et les cuire environ 5 min de chaque côté, en les retournant une seule fois et sans les écraser inutilement, jusqu'à ce que la viande soit bien cuite. Saler et poivrer. Ajouter les tranches de cheddar quelques minutes avant la fin de la cuisson.

• Griller les pains à hamburger et les tartiner du mélange de mayonnaise et de sauce barbecue puis les garnir selon votre goût.

- 480 g (1 lb) de veau haché
- 3 c. à soupe d'oignon, émincé très finement
- 1 gousse d'ail, écrasée
- 2 c. à café (2 c. à thé) de sauce Worcestershire
- Sel et poivre du moulin
- 125 ml (½ tasse) de mayonnaise
- 60 ml (¼ tasse) de sauce barbecue pour grillades
- 2 c. à soupe d'huile d'olive
- 4 tranches de cheddar fort
- 4 pains à hamburger

GARNITURE
- Tranches de tomates et d'oignons, laitue et cornichons

Nids d'hirondelle à la méditerranéenne

Nids d'hirondelle à la méditerranéenne

- 4 escalopes de veau de 150 g (5 oz)
- 2 gousses d'ail, réduites en purée
- 4 tranches de prosciutto
- 12 feuilles de basilic
- 1 pot de 340 g (12 oz) de poivrons rouges rôtis, égouttés
- 4 bocconcini de 50 g (environ 2 oz) chacun, en tranches
- Poivre du moulin
- Huile d'olive
- Vinaigre balsamique

- Mettre les escalopes sur une surface de travail.

- Étendre sur chaque escalope la purée d'ail avec le dos d'une petite cuillère.

- Recouvrir chaque escalope d'une tranche de prosciutto et de 3 feuilles de basilic.

- Déposer au centre de chaque escalope un demi-poivron et une boule de fromage en tranches. Poivrer généreusement.

- Rouler les escalopes en s'assurant que le fromage reste bien en place. Refermer les nids d'hirondelle à l'aide de petits bâtonnets de bois (cure-dents).

- Badigeonner les nids d'hirondelle d'huile.

- Préchauffer le barbecue à intensité moyenne et cuire les nids d'hirondelle environ 20 min en les retournant régulièrement pendant la cuisson. Laisser reposer 5 min avant de les couper en tranches.

- Servir avec un trait de vinaigre balsamique et accompagner de courgettes grillées en tranches.

Pavés de veau à l'orientale

MARINADE
- 60 ml (¼ tasse) d'huile d'arachide
- 3 c. à soupe de sauce aux haricots noirs ou hoisin
- 3 c. à soupe de miel
- 1 c. à soupe de gingembre frais, haché
- 2 c. à café (2 c. à thé) de zeste de citron vert (lime)
- 1 gousse d'ail, hachée finement
- 1 c. à café (1 c. à thé) de poivre noir concassé

- 4 pavés de veau de 180 g (6 oz)

- Dans un petit bol, mélanger tous les ingrédients de la marinade. Mettre les pavés de veau dans un plat peu profond ou dans un sac de congélation et les enrober de marinade. Laisser mariner au moins 30 min au réfrigérateur.

- Préchauffer le barbecue à intensité moyenne.

- Retirer l'excédent de la marinade sur les pavés. Cuire les pavés de veau environ 10 à 12 min en les retournant une seule fois pendant la cuisson.

- Servir avec une salade de vermicelles aux légumes croquants.

Carré de veau à la moutarde à l'ancienne et aux herbes

8 portions · Cuisson : 1 h 20 min

- Dégager la partie supérieure des côtes à l'aide d'un couteau ou demander à votre boucher de le faire.

- Préchauffer le four à 230 °C (450 °F). Mettre le carré de veau dans une grande lèchefrite et le badigeonner généreusement d'huile. Saler et poivrer généreusement sur tous les côtés. Placer le côté bombé vers le haut. Couvrir la partie des côtes non entourée de chair avec du papier d'aluminium.

- Mettre le carré de veau au centre du four pendant 20 min, jusqu'à ce qu'il soit bien coloré.

- Réduire la chaleur à 180 °C (350 °F) et poursuivre la cuisson encore 20 min.

- Retirer du four et laisser tiédir 10 min. Pendant ce temps, préparer la croûte aux herbes en effectuant les étapes suivantes :

- Chauffer le beurre dans une poêle à feu moyen et faire revenir l'oignon en remuant régulièrement pendant 10 min, jusqu'à ce qu'il soit translucide. Laisser tiédir 5 min.

- Ajouter la chapelure, la moutarde, le beurre, le persil, le thym, la menthe et l'aneth. Saler, poivrer et bien mélanger.

- Recouvrir le dessus du carré (le côté bombé) avec le mélange de chapelure, en pressant bien pour le faire adhérer sur la viande.

- Poursuivre la cuisson au four de 30 à 35 min ou jusqu'à ce que la croûte soit bien colorée. Au thermomètre à viande, la température doit indiquer 60 °C (140 °F) pour une cuisson rosée. Retirer du four et laisser reposer 20 min recouvert de papier d'aluminium.

- Pendant ce temps, chauffer le beurre et faire revenir doucement les échalotes et le thym 5 min, en remuant régulièrement. Ajouter le fond de veau. Saler et poivrer. Porter à ébullition, réduire le feu et laisser mijoter à feu moyen-élevé 5 min. Ajouter la crème et laisser réduire encore 5 min ou jusqu'à ce que la sauce ait une consistance permettant de napper le dos d'une cuillère. Ajouter la moutarde et mélanger.

- Au service, mettre le carré entier sur une planche à découper. Détacher la viande des côtes en glissant un couteau contre les os et séparer les os en coupant entre chacun d'eux.

- Couper le rôti en belles tranches épaisses et servir avec une côte et une poêlée de légumes comme des courgettes, des tomates cerises, des pâtissons et des oignons perlés.

- 1 carré de veau de 6 côtes
- 3 c. à soupe d'huile d'olive
- Sel et poivre du moulin

CROÛTE AUX HERBES

- 3 c. à soupe de beurre
- 1 gros oignon, ciselé
- 240 g (2 tasses) de pain frais réduit en chapelure au robot de cuisine
- 125 ml (1/2 tasse) de moutarde à l'ancienne
- 3 c. à soupe de beurre à température ambiante
- 7 g (1/4 tasse) de persil italien frais, haché grossièrement
- 1 c. à soupe de thym frais, haché
- 1 c. à soupe de menthe fraîche, hachée
- 1 c. à soupe d'aneth frais, haché
- Sel et poivre du moulin

SAUCE

- 2 c. à soupe de beurre
- 3 échalotes françaises, hachées
- 1 brin de thym
- 500 ml (2 tasses) de fond de veau
- Sel et poivre du moulin
- 60 ml (1/4 tasse) de crème 35 %
- 3 c. à soupe de moutarde à l'ancienne

Rôti de cuisseau de veau au porto, aux échalotes braisées et aux canneberges séchées

Rôti de contre-filet de veau sauce aux petits oignons et à la crème de fleur d'ail

6 portions · Cuisson : 1 h 20 min

- Eau
- 225 g (1 ½ tasse) d'oignons perlés, non pelés

- 2 c. à soupe d'huile
- 2 c. à soupe de beurre
- 1 kg (2 lb) de rôti de contre-filet (longe) de veau
- Sel et poivre du moulin
- 250 ml (1 tasse) de vin blanc
- 250 ml (1 tasse) de crème 35 %
- 3 c. à soupe de fleur d'ail

• Mettre sur le feu une petite casserole remplie d'eau et porter à ébullition. Ajouter les oignons perlés et laisser cuire environ 1 min. Égoutter les oignons et les refroidir à l'eau froide. À l'aide d'un petit couteau, couper la partie de la racine et presser ensuite sur la peau des oignons, de manière à en faire sortir l'intérieur. Réserver les oignons.

• Préchauffer le four à 160 °C (325 °F).

• Dans une grande poêle à fond épais, chauffer l'huile et 1 c. à soupe de beurre à feu élevé jusqu'à ce que le beurre mousse. Saler et poivrer le rôti. Faire revenir le rôti 5 à 8 min sur toutes ses faces en le retournant seulement lorsqu'il est bien coloré. Ajouter les oignons perlés et mettre le rôti au centre du four de 30 à 40 min. Au thermomètre à viande, la température doit indiquer 60 °C (140 °F) pour une cuisson rosée. Retirer la poêle du four. Mettre le rôti et les oignons dans une assiette et recouvrir de papier d'aluminium. Laisser reposer pendant 15 min.

• Jeter le gras de cuisson et remettre la poêle sur le feu. Ajouter le vin en raclant le fond de la poêle à l'aide d'une cuillère de bois pour récupérer les sucs de viande et laisser réduire de moitié, environ 5 min. Ajouter la crème et laisser mijoter 10 min. Saler et poivrer. Ajouter les oignons réservés et la fleur d'ail et poursuivre la cuisson 2 min.

• Couper le rôti en tranches et napper avec la sauce aux petits oignons et à la crème de fleur d'ail.

Rôti de cuisseau de veau au porto, aux échalotes braisées et aux canneberges séchées

6 portions · Cuisson : 3 h

- 1 c. à soupe d'huile d'olive
- 1 c. à soupe de beurre
- 1 kg (2 lb) de rôti de cuisseau de veau
- Sel et poivre du moulin
- 12 échalotes françaises, pelées
- 2 c. à café (2 c. à thé) de thym séché ou frais
- 3 clous de girofle
- 250 ml (1 tasse) de porto
- 90 g (¾ tasse) de canneberges séchées

• Préchauffer le four à 160 °C (325 °F).

• Dans un faitout, chauffer l'huile et 1 c. à soupe de beurre à feu élevé jusqu'à ce que le beurre mousse. Saler et poivrer le rôti. Faire revenir le rôti 5 à 8 min sur toutes ses faces en le retournant seulement lorsqu'il est bien coloré.

• Ajouter les échalotes, le thym, les clous de girofle et verser le porto. Couvrir.

• Mettre au four et cuire environ 2 h. Après ce temps, ajouter les canneberges et poursuivre la cuisson 1 h ou jusqu'à ce que la viande s'effiloche facilement.

• Retirer le rôti du four et laisser reposer 15 min. Retirer la ficelle, couper en tranches et napper le tout avec la sauce. Servir avec un riz pilaf et des épinards au beurre.

Rôti d'intérieur de ronde de veau farci au pesto et aux tomates séchées

6 portions · Cuisson : 1 h 20 min

PRÉPARATION : 35 MIN

- Préchauffer le four à 135 °C (275 °F).

- Mettre le rôti sur une surface de travail et l'inciser sur toute la longueur, à environ la moitié de son épaisseur. En l'ouvrant avec les doigts, former un rectangle. Saler et poivrer. Recouvrir toute la surface avec le pesto et les tomates séchées.

- Reformer le rôti en cylindre et le ficeler avec précaution.

- Dans une poêle, chauffer l'huile à feu élevé. Saler et poivrer le rôti et colorer la pièce de viande de chaque côté environ 5 min. Ajouter le bouillon de poulet, le jus et le zeste de citron, en raclant le fond de la poêle à l'aide d'une cuillère de bois pour récupérer les sucs de viande.

- Cuire au four pendant 1 h. Au terme de la cuisson, mettre le rôti dans une assiette et le recouvrir de papier d'aluminium puis laisser reposer 15 min.

- Faire réduire le bouillon 5 min. Rectifier l'assaisonnement.

- Couper le rôti en tranches, servir avec de la purée de pommes de terre et napper avec le jus de cuisson.

- 720 g (1 ½ lb) de rôti d'intérieur de ronde de veau
- Sel et poivre du moulin
- 4 c. à soupe de pesto
- 75 g (½ tasse) de tomates séchées dans l'huile, égouttées

- 2 c. à soupe d'huile d'olive
- 175 ml (¾ tasse) de bouillon de poulet
- 2 c. à soupe de jus de citron
- 1 c. à café (1 c. à thé) de zeste de citron

Rôti de pointe de surlonge de veau farci aux pruneaux et à la coriandre

6 portions · Cuisson : 1 h 10 min · Macération : 20 min

PRÉPARATION : 35 MIN

- Mettre les pruneaux dans un bol, ajouter le vin et la coriandre. Mélanger et laisser macérer 20 min.

- Préchauffer le four à 135 °C (275 °F).

- À l'aide du manche d'une grosse cuillère de bois ou d'une queue-de-rat, perforer le centre du rôti d'un bout à l'autre et agrandir le trou au maximum avec le manche de l'ustensile. Farcir le centre avec les pruneaux. Réserver le vin pour la sauce.

- Dans un faitout, chauffer l'huile et 1 c. à soupe de beurre à feu élevé jusqu'à ce que le beurre mousse. Saler et poivrer le rôti. Faire revenir le rôti 5 à 8 min sur toutes ses faces en le retournant seulement lorsqu'il est bien coloré. Ajouter le consommé et le vin en raclant le fond de la poêle à l'aide d'une cuillère de bois pour récupérer les sucs de viande.

- Cuire au four pendant 1 h. Au terme de la cuisson, mettre le rôti dans un plat, le recouvrir de papier d'aluminium et le laisser reposer 15 min.

- Réduire le bouillon 5 min et ajouter la menthe.

- Couper le rôti en tranches et le servir accompagné d'un gratin dauphinois et d'un légume vert vapeur.

- 180 g (1 tasse) de pruneaux séchés
- 80 ml (⅓ tasse) de vin rouge
- 1 c. à soupe de coriandre moulue

- 1 kg (2 lb) de rôti de pointe de surlonge de veau
- 2 c. à soupe d'huile
- 2 c. à soupe de beurre
- Sel et poivre du moulin
- 1 boîte de 284 ml (10 oz) de consommé de bœuf
- 1 c. à soupe de menthe fraîche

Rôti d'intérieur de ronde de veau farci au pesto et aux tomates séchées

MIJOTÉS, PLATS UNIQUES ET VEAU HACHÉ

Blanquette de veau

8 portions · Cuisson : 1 h 15 min

PRÉPARATION : 30 MIN

- 1 kg (2 lb) de cubes de veau
- Eau
- 1 carotte, en tronçons
- ½ poireau, en tronçons
- 1 branche de céleri, en tronçons
- 1 petit oignon, piqué de 4 clous de girofle
- 2 gousses d'ail
- 1 bouquet garni (thym, laurier et persil)

- 60 g (1 tasse) de champignons, en quartiers
- 75 g (½ tasse) d'oignons perlés, pelés
- 2 c. à soupe de beurre
- 2 c. à soupe de farine
- Une pincée de muscade
- 60 ml (¼ tasse) de crème 35 %
- 3 c. soupe de jus de citron
- Sel et poivre

• Mettre les cubes de veau dans une grande casserole et les couvrir d'eau. Porter à ébullition et réduire la chaleur. Écumer au besoin.

• Ajouter la carotte, le poireau, le céleri, l'oignon, l'ail et le bouquet garni puis laisser mijoter pendant 1 h ou jusqu'à ce que le veau soit tendre. Retirer du feu.

• Verser 750 ml (3 tasses) du liquide de cuisson dans une autre casserole. Jeter les légumes de cuisson et réserver la viande au chaud.

• Faire pocher les champignons et les oignons perlés dans le liquide de cuisson de 5 à 10 min et les réserver avec la viande.

• Dans un petit bol, mélanger le beurre et la farine jusqu'à l'obtention d'un mélange homogène. Ajouter le mélange de farine au liquide chaud, mélanger vigoureusement à l'aide d'un fouet et ajouter la muscade. Laisser mijoter 5 min jusqu'à ce que la sauce épaississe et remettre la viande ainsi que les champignons et les oignons perlés dans le liquide. Ajouter la crème, rectifier l'assaisonnement et la consistance puis conserver au chaud jusqu'au moment de servir.

• Ajouter le jus de citron et servir avec des patates douces persillées ou en purée.

54   MIJOTÉS, PLATS UNIQUES ET VEAU HACHÉ

- 2 litres (8 tasses) d'eau froide
- 220 g (³/₄ tasse) de gros sel
- 4 jarrets de veau (environ 1,5 kg ou 3 lb)
- 4 gousses d'ail
- 1 brin de romarin
- 1 litre (4 tasses) de graisse de canard à température ambiante

PRÉPARATION : 15 MIN

4 portions · Cuisson : 7 h · Temps d'attente : 3 h

- Ficeler les jarrets pour conserver leur rondeur.

- Dans un grand bol, verser l'eau et ajouter le sel. Mélanger pour dissoudre le sel autant que possible. Mettre les jarrets dans la saumure et les laisser reposer 3 h à température ambiante.

- Retirer les jarrets de la saumure et les éponger. Insérer 1 gousse d'ail dans chaque jarret entre l'os et la chair.

- Mettre les jarrets et le romarin dans un grand faitout.

- Ajouter la graisse de canard pour couvrir complètement les jarrets et la faire fondre doucement sur la cuisinière.

- Préchauffer le four à 100 °C (200 °F).

- Cuire au four, à découvert, environ 7 h ou jusqu'à ce que la chair se détache de l'os.

- Retirer les jarrets du gras de cuisson, les mettre dans une assiette et réserver au chaud jusqu'au service. Décanter le gras et retirer la glace de viande déposée au fond pour la servir avec les jarrets.

- Accompagner le confit de jarrets d'une chaudrée de lentilles ou d'une salade de scarole et de pommes.

NOTE : Filtrer le gras de canard après utilisation. Le conserver au congélateur ; il peut être réutilisé plusieurs fois et se garde facilement un an.

Keftas de veau épicés

4 portions · Cuisson : 25 min

- Préchauffer le four à 180 °C (350 °F).

- Dans un grand bol, bien mélanger tous les ingrédients des keftas avec les mains. Façonner la viande assaisonnée en petites boulettes d'environ 1 c. à soupe. Pour faciliter la confection des boulettes, s'enduire les mains d'huile. Mettre les boulettes au fur et à mesure sur une plaque à cuisson huilée ou recouverte de papier sulfurisé. Cuire au four 20 min, en retournant les boulettes 1 ou 2 fois pendant la cuisson, ou jusqu'à ce qu'elles soient cuites au centre. Réserver.

- Pendant ce temps, dans une grande poêle, chauffer l'huile à feu moyen et faire revenir l'oignon en remuant régulièrement pendant 5 min jusqu'à ce qu'il soit translucide. Ajouter l'ail, le cumin, le paprika, la cannelle et le piment broyé et poursuivre la cuisson 1 min.

- Ajouter les tomates, le jus de citron et les boulettes de veau. Saler. Laisser mijoter à mi-couvert 15 min ou jusqu'à ce que la sauce soit suffisamment épaisse.

- Décorer avec la coriandre et servir avec des pains pitas, du riz basmati et une salade de haricots verts.

KEFTAS
- 480 g (1 lb) de veau haché
- 1 oignon, ciselé
- 15 g (½ tasse) de feuilles de coriandre, hachées
- 15 g (½ tasse) de persil italien frais, haché
- 2 gousses d'ail, hachées
- 1 c. à café (1 c. à thé) de cumin moulu
- ½ c. à café (½ c. à thé) de gingembre moulu
- ½ c. à café (½ c. à thé) de cardamome moulue
- ¼ c. à café (¼ c. à thé) de cayenne
- Sel

SAUCE
- 2 c. à soupe d'huile d'olive
- 1 oignon, haché finement
- 1 gousse d'ail, hachée
- 1 c. à café (1 c. à thé) de cumin moulu
- 1 c. à café (1 c. à thé) de paprika
- ½ c. à café (½ c. à thé) de cannelle moulue
- ½ c. à café (½ c. à thé) de piments broyés
- 1 boîte de 796 ml (28 oz) de tomates broyées
- Le jus d'un citron
- Sel
- Coriandre fraîche

Casserole de veau à l'indienne

6 portions · Cuisson : 2 h 15 min

• Chauffer une petite poêle à blanc 2 min et faire revenir à feu moyen la cannelle, la cardamome, les clous de girofle, la coriandre, le cumin, le poivre et les piments 30 sec, en remuant sans cesse pour ne pas les brûler, jusqu'à ce que l'odeur des épices embaume l'air. Dans un mortier, un moulin à café ou au robot de cuisine, broyer les épices. Réserver.

• À l'aide d'un robot de cuisine, réduire en purée les noix de cajou, le gingembre, l'ail et l'eau. À l'aide d'une spatule, racler le pourtour du bol. Ajouter le mélange d'épices et continuer de mélanger jusqu'à l'obtention d'une consistance crémeuse. Réserver.

• Dans un faitout, chauffer l'huile et le beurre à feu moyen-élevé jusqu'à ce que le beurre mousse. Faire revenir doucement les oignons 10 min, jusqu'à ce qu'ils soient dorés, en remuant régulièrement. Ajouter le mélange d'épices et poursuivre la cuisson 2 min.

• Ajouter les morceaux de veau, le yogourt, le safran et mélanger pour bien enrober les morceaux de viande. Saler.

• Couvrir et laisser mijoter 2 h ou jusqu'à ce que la viande se défasse à la fourchette, en remuant quelques fois pendant la cuisson.

• Servir accompagné de riz basmati et garnir d'un quartier de citron et de la coriandre fraîche.

INGRÉDIENTS

- 1 bâton de cannelle d'environ 5 cm (2 po), brisé en morceaux
- 10 gousses entières de cardamome
- 4 clous de girofle
- 1 c. à soupe de graines de coriandre
- 1 c. à café (1 c. à thé) de graines de cumin
- 1 c. à café (1 c. à thé) de grains de poivre
- 2 piments rouges séchés ou 1 c. à café (1 c. à thé) de piments broyés

- 60 g (½ tasse) de noix de cajou non rôties
- 1 morceau de gingembre de 2,5 cm (1 po), pelé
- 3 gousses d'ail, pelées
- 125 ml (½ tasse) d'eau

- 1 c. à soupe d'huile végétale
- 1 c. à soupe de beurre
- 2 oignons moyens, pelés et émincés
- 1 kg (2 lb) noix de ronde de veau, coupée en 8 gros morceaux
- 125 g (½ tasse) de yogourt nature
- Une pincée de safran
- 2 c. à café (2 c. à thé) de sel
- 1 citron, en quartiers
- 4 c. à soupe de feuilles de coriandre fraîche

- 45 g (¼ tasse) de farine
- 2 c. à café (2 c. à thé) de thym séché
- 2 c. à café (2 c. à thé) d'origan séché
- Sel et poivre du moulin au goût
- 4 jarrets de veau, environ 1 kg (2 lb)

- 3 c. à soupe d'huile d'olive
- 1 oignon, haché
- 3 grosses carottes, en rondelles
- 250 ml (1 tasse) de vin blanc
- 375 ml (1 ½ tasse) de bouillon de bœuf
- 1 boîte de 398 ml (14 oz) de sauce tomate
- 2 c. à café (2 c. à thé) de graines de fenouil
- 2 tomates italiennes, en dés
- 40 g (½ tasse) de persil italien frais, haché
- 1 gousse d'ail, hachée
- Le zeste d'un citron
- Le zeste d'une orange

Osso buco classique

• Dans un plat peu profond, mélanger la farine, le thym, l'origan, le sel et le poivre. Assécher légèrement les jarrets à l'aide de papier absorbant. Passer les jarrets dans le mélange de farine puis enlever l'excédent.

• Dans une grande casserole, chauffer l'huile à feu vif. Faire revenir les jarrets 5 min ou jusqu'à ce qu'ils soient dorés sur toutes les faces. Ajouter l'oignon et les carottes. Cuire en remuant pendant 2 min. Ajouter le vin, le bouillon, la sauce tomate et les graines de fenouil. Bien mélanger. Porter à ébullition et réduire la chaleur à feu doux. Saler et poivrer. Laisser mijoter à découvert 5 min. Couvrir et laisser mijoter pendant 1 h 30 ou jusqu'à ce que la viande soit tendre. En fin de cuisson, ajouter les tomates.

• Dans un petit bol, mélanger ensemble le persil, l'ail, les zestes de citron et d'orange.

• Garnir l'osso buco avec le mélange de persil et accompagner de pâtes fraîches et de bouquets de brocoli.

Pain de veau au panais et au cheddar fort

8 portions · Cuisson : 1 h

- Dans un grand bol, émietter le pain rassis et verser le lait sur le dessus. Laisser tremper pendant 10 min.

- Préchauffer le four à 180 °C (350 °F).

- Verser le reste des ingrédients dans le bol, avec le pain détrempé, et bien mélanger.

- Transvaser le mélange de veau dans un grand moule de 23 x 23 cm (9 x 9 po) huilé. Mettre le moule sur une plaque et cuire au four 1 h ou jusqu'à ce que la température interne du pain atteigne 75 °C (165 °F).

- Démouler, couper en tranches et servir avec une purée de pommes de terre et un concassé de tomates fraîches aux herbes.

- 3 tranches de pain rassis
- 125 ml (½ tasse) de lait
- 1 kg (2 lb) de veau haché
- Sel et poivre du moulin
- 6 oignons verts, émincés
- 3 c. à soupe de persil italien frais, haché
- 120 g (4 oz) de fromage cheddar fort, râpé
- 3 panais, pelés et râpés finement
- 3 c. à soupe d'huile d'olive
- 3 œufs
- 2 c. à soupe de sauce Worcestershire
- 1 c. à soupe de carvi
- ¼ c. à café (¼ c. à thé) de muscade moulue
- 2 c. à café (2 c. à thé) de sel
- ½ c. à café (½ c. à thé) de poivre

Poivrons farcis au veau, à la feta et aux olives

4 à 6 portions · Cuisson : 35 min

- Préchauffer le four à 220 °C (425 °F).

- Huiler un moule de 23 x 33 cm (9 x 13 po). Badigeonner les poivrons avec un peu d'huile, saler et poivrer. Cuire au four 10 min. Réserver.

- Pendant ce temps, dans une grande poêle, chauffer 2 c. à soupe d'huile et faire revenir l'oignon à feu moyen pendant 5 min, jusqu'à ce qu'il soit translucide, en remuant régulièrement.

- Ajouter la viande et la faire revenir dans 1 c. à soupe d'huile à feu élevé, en remuant sans cesse jusqu'à ce que la viande soit cuite. Saler et poivrer pendant la cuisson. Ajouter l'ail et poursuivre la cuisson 1 min.

- Hors du feu, incorporer le reste des ingrédients et mélanger.

- Farcir les poivrons avec le mélange de viande.

- Cuire les poivrons au four 15 min ou jusqu'à ce que le dessus soit bien doré. Servir avec un riz pilaf au citron.

- 5 c. à soupe d'huile d'olive
- 4 poivrons de couleur, coupés en deux sur la longueur et épépinés
- Sel et poivre du moulin

- 1 oignon moyen, ciselé
- 480 g (1 lb) de veau haché
- 2 gousses d'ail, hachées
- 60 g (½ tasse) d'olives noires Kalamata, hachées
- 2 c. à café (2 c. à thé) d'origan séché
- 120 g (4 oz) de fromage feta, émietté

Ragoût de veau à la romaine

6 à 8 portions · Cuisson : 2 h 45 min

PRÉPARATION : 30 MIN

- Dans une casserole, chauffer 2 c. à soupe d'huile à feu élevé. Faire colorer le rôti environ 6 min, en le retournant quelques fois pendant la cuisson. Retirer le rôti, le mettre dans une assiette et réserver.

- À feu moyen, faire revenir dans le reste de l'huile, l'oignon, la carotte, le fenouil et les feuilles de laurier en remuant régulièrement pendant 10 min ou jusqu'à ce que les légumes soient légèrement colorés.

- Ajouter l'ail et le romarin puis poursuivre la cuisson 1 min.

- Remettre le rôti dans la casserole avec le vin rouge, la sauce demi-glace, les tomates, le zeste de citron et le persil. Saler et poivrer généreusement.

- Porter à ébullition, réduire la chaleur et laisser mijoter à feu doux pendant 2 h 30, à mi-couvert, en remuant quelques fois pour éviter que les ingrédients collent au fond de la casserole.

- Défaire le morceau de viande à la cuillère et servir sur un nid de fettuccinis avec la sauce.

- 3 c. à soupe d'huile d'olive
- 1 kg (2 lb) rôti de veau de côtes croisées
- 1 oignon espagnol, pelé et émincé
- 1 carotte, pelée et coupée en dés
- 1 bulbe de fenouil, en dés
- 2 feuilles de laurier
- 4 gousses d'ail, écrasées
- 1 brin de romarin
- 250 ml (1 tasse) de vin rouge
- 250 ml (1 tasse) de sauce demi-glace ou de fond de veau
- 1 boîte de 398 ml (14 oz) de tomates en purée
- 3 grands rubans de zeste de citron
- Persil italien frais
- Sel et poivre du moulin

Mijoté de veau épicé à la thaïlandaise

4 à 6 portions · Cuisson : 1 h 45 min

PRÉPARATION : 20 MIN

- Dans un faitout, chauffer 3 c. à soupe d'huile à feu élevé. Saler et poivrer le veau. Faire revenir les cubes, en deux fois, 5 à 8 min sur toutes leurs faces, en les retournant seulement lorsqu'ils sont bien colorés. Réserver les cubes dans un bol.

- Faire revenir à feu moyen les oignons pendant 8 min, jusqu'à ce qu'ils soient dorés, en remuant régulièrement. Ajouter la pâte de cari vert et poursuivre la cuisson 2 min. Remettre les cubes de veau et ajouter le bouillon de poulet. Réduire la chaleur et laisser mijoter, à mi-couvert, pendant 45 min. Ajouter les pommes de terre et le lait de coco et poursuivre la cuisson 30 min.

- Pendant ce temps, chauffer le reste de l'huile dans une grande poêle antiadhésive à feu moyen-élevé et cuire les aubergines et le poivron 7 à 10 min en remuant quelques fois. Ajouter les oignons verts et poursuivre la cuisson 2 min, jusqu'à ce que le tout soit bien coloré. Ajouter le mélange d'aubergines à la casserole de veau et poursuivre la cuisson 5 min.

- Au moment de servir, ajouter le basilic et accompagner de riz basmati ou de riz parfumé.

- 6 c. à soupe d'huile d'arachide
- Sel et poivre du moulin
- 720 g (1 1/2 lb) de cubes de veau à braiser
- 2 oignons, pelés et émincés
- 1 c. à café (1 c. à thé) de pâte de cari vert
- 125 ml (1/2 tasse) de bouillon de poulet
- 3 grosses pommes de terre, en cubes
- 400 ml (14 oz) de lait de coco en conserve
- 2 aubergines chinoises, en tronçons de 2,5 cm (1 po)
- 1 poivron rouge, en lanières
- 4 oignons verts, en tronçons de 3 cm (1 1/2 po)
- 2 c. à soupe de basilic frais

Rôti de palette de veau à la provençale

6 portions · Cuisson : 2 h 30 min · Macération : 24 h

PRÉPARATION : 30 MIN

- 1 kg (2 lb) de rôti de palette de veau

MARINADE
- 3 c. à soupe d'huile d'olive
- 2 carottes, pelées et coupées en rondelles
- 1 oignon, émincé
- 2 gousses d'ail, écrasées
- 2 c. à soupe de persil italien frais, haché
- 250 ml (1 tasse) de vin blanc sec

- 30 g (1 oz) de lard salé
- 1 barquette de 227 g (8 oz) de champignons, en quartiers
- 1 boîte de 398 ml (19 oz) de tomates italiennes, en dés
- 12 olives noires, dénoyautées
- 2 c. à café (2 c. à thé) d'herbes de Provence
- 1 feuille de laurier
- Sel et poivre du moulin

- Mettre le rôti, l'huile, les carottes, l'oignon, l'ail, le persil et le vin dans un sac de congélation et laisser mariner 24 h.

- Couper le lard salé en petits lardons, blanchir 1 min à l'eau bouillante et réserver.

- Préchauffer le four à 180 °C (350 °F).

- Mettre le rôti, la marinade, les champignons, les tomates, les olives et le lard salé dans un grand faitout. Ajouter les herbes de Provence et la feuille de laurier. Saler et poivrer généreusement et mélanger.

- Porter à ébullition et cuire au four 2 h 30 ou jusqu'à ce que la viande se sépare facilement à la fourchette.

- Servir avec une purée de légumes-racines et de pommes de terre.

MIJOTÉS, PLATS UNIQUES ET VEAU HACHÉ   65

Rôti d'épaule de veau braisé à la sauge

PRÉPARATION : 20 MIN

- 1 kg (2 lb) rôti d'épaule de veau désossé non ficelé
- Sel et poivre du moulin
- 2 c. à soupe d'huile d'olive
- 1 c. à soupe de beurre
- Le zeste et le jus de 2 citrons
- 1 litre (4 tasses) de lait
- 12 gousses d'ail, pelées
- 30 g (1 tasse) de feuilles de sauge fraîches
- ½ bâton de cannelle

- Préchauffer le four à 170 °C (325 °F).

- Saler et poivrer le rôti.

- Dans une casserole, chauffer l'huile et le beurre à feu moyen-élevé. Faire colorer le rôti sur toutes ses faces environ 5 min.

- Mettre le rôti dans une assiette et réserver.

- Jeter le gras de cuisson. Remettre la casserole sur le feu et verser le jus de citron en raclant à l'aide d'une cuillère de bois pour détacher les sucs au fond de la casserole.

- Remettre le rôti dans la casserole et ajouter le reste des ingrédients.

- Couvrir et cuire au four 1 h, en arrosant le rôti des particules solides du lait toutes les 15 min. Découvrir et poursuivre la cuisson encore 1 h. Le lait caillé formera une belle croûte dorée sur le rôti.

- Retirer du four et mettre le rôti sur une planche à découper puis laisser reposer 15 min. Écraser l'ail dans la sauce. Découper le rôti en belles tranches épaisses, napper de sauce et accompagner d'une purée de pommes de terre et d'épinards au beurre.

Rôti de palette de veau en papillote
à l'ail et aux herbes

6 portions · Cuisson : 6 h

- 4 gros brins de romarin
- 4 brins de thym
- 8 gousses d'ail, en chemise
- 1,5 kg (3 lb) de rôti de palette de veau avec l'os
- 4 c. à soupe d'huile d'olive
- Sel et poivre du moulin

- Préchauffer le four à 120 °C (250 °F).

- Mettre 2 feuilles de papier d'aluminium d'environ 75 cm (30 po) de longueur superposées dans une lèchefrite.

- Déposer sur le papier d'aluminium 2 brins de romarin et de thym et 4 gousses d'ail. Mettre le rôti au centre du papier d'aluminium et huiler tous les côtés. Saler et poivrer généreusement, puis ajouter les autres brins de romarin et de thym ainsi que les gousses d'ail sur le rôti. Refermer hermétiquement en formant une papillote.

- Cuire au four 6 h.

- Servir avec une poêlée de haricots verts grillés.

Roulé de veau à l'italienne

4 portions · Cuisson : 1 h 35 min

PRÉPARATION : 30 MIN

- 480 g (1 lb) de tranche de surlonge de veau
- 1 gousse d'ail, écrasée
- Le jus d'un demi-citron
- Sel et poivre du moulin
- 10 tranches minces de pancetta douce
- 90 g (3 oz) de fromage pecorino romano, en fines tranches
- 7 g (¹/₄ tasse) de feuilles de persil italien frais, bien tassées
- 2 c. à soupe d'huile
- 250 ml (1 tasse) de vin blanc
- ¹/₄ c. à café (¹/₄ de c. à thé) de muscade moulue

• Préchauffer le four à 180 °C (350 °F).

• Sur une surface de travail, aplatir à l'aide d'un marteau attendrisseur ou d'un rouleau à pâtisserie la tranche de surlonge afin d'obtenir une épaisseur de 1 cm (¹/₂ po).

• Tartiner la surface de la tranche de surlonge avec l'ail et la badigeonner avec le jus de citron. Saler et poivrer.

• Couvrir la tranche de surlonge avec les tranches de pancetta, le fromage et le persil.

• Rouler la pièce de viande et fermer les bouts avec des petits bâtonnets de bois (cure-dents) ou ficeler le boudin.

• Dans un faitout, chauffer l'huile à feu moyen-élevé et colorer le roulé sur tous les côtés pendant 5 min. Verser le vin et saupoudrer de muscade.

• Couvrir et cuire au four 1 h 30.

• Au terme de la cuisson, couper le roulé en tranches et servir avec une salade ou un légume vert cuit à la vapeur (rapini, brocoli ou courgettes).

Rôti de veau Vindaloo piquant

8 portions · Cuisson : 2 h 40 min

• Chauffer une petite poêle à blanc pendant 2 min et cuire à feu moyen les piments, la cardamome, le cumin, la coriandre, le poivre, la cannelle, les clous de girofle et le curcuma en remuant sans cesse pendant 30 sec, jusqu'à ce que l'odeur des épices embaume l'air. Dans un mortier, un moulin à café ou au robot de cuisine, broyer ces épices. Réserver.

• À l'aide d'un robot de cuisine ou d'un mélangeur, réduire en purée le gingembre et l'ail. Ajouter les vinaigres. À l'aide d'une spatule, racler le pourtour du bol. Ajouter le mélange d'épices et continuer de mélanger jusqu'à l'obtention d'une consistance crémeuse. Réserver.

• Dans un faitout, chauffer l'huile et le beurre à feu moyen-élevé, jusqu'à ce que le beurre mousse. Faire revenir doucement les oignons 5 min, jusqu'à ce qu'ils soient dorés, en remuant régulièrement. Ajouter le mélange d'épices et poursuivre la cuisson 2 min.

• Ajouter le rôti, le jarret, les tomates et la cassonade, puis mélanger pour bien enrober la viande. Saler généreusement.

• Couvrir et laisser mijoter environ 2 h, en remuant quelques fois pendant la cuisson. Ajouter les pommes de terre et poursuivre la cuisson pendant 30 min ou jusqu'à ce que la viande soit très tendre.

• Retirer le rôti et le jarret de porc puis défaire la viande du jarret en morceaux avant de la remettre dans la sauce. Couper le rôti de veau en tranches. Dégraisser la sauce et servir le rôti avec la sauce et les pommes de terre.

- 3 piments rouges séchés ou 1 c. à café (1 c. à thé) de piments broyés
- 6 gousses entières de cardamome
- 1 c. à café (1 c. à thé) de graines de cumin
- 1 c. à café (1 c. à thé) de graines de coriandre
- 1 c. à café (1 c. à thé) de grains de poivre
- 1 bâton de cannelle de 5 cm (2 po) de longueur, en morceaux
- 1 c. à café (1 c. à thé) de clous de girofle
- ½ c. à café (½ c. à thé) de curcuma (facultatif)
- 1 morceau de gingembre de 2,5 cm (1 po), pelé
- 10 gousses d'ail, pelées
- 60 ml (¼ tasse) de vinaigre de vin blanc
- 2 c. à soupe de vinaigre balsamique

- 2 c. à soupe d'huile végétale
- 2 c. à soupe de beurre
- 2 oignons jaunes, ciselés

- 1 kg (2 lb) de rôti d'extérieur de ronde de veau ficelé
- 1 jarret de porc
- 1 boîte de 540 ml (19 oz) de tomates en dés
- 2 c. à soupe de cassonade (sucre roux)
- Sel au goût
- 4 pommes de terre, pelées et coupées en quatre

6 portions · Cuisson : 2 h

- 840 g (1 ³/₄ lb) de cubes de veau
- 3 c. à soupe d'huile végétale
- 1 carotte, en dés
- 1 petit oignon, en dés
- 1 c. à soupe de farine
- 2 gousses d'ail, écrasées
- 125 ml (¹/₂ tasse) de vin blanc
- 500 ml (2 tasses) de fond de veau
- 200 g (1 tasse) de tomates, en dés
- 1 bouquet garni

- 3 c. à soupe de beurre
- 50 g (¹/₃ tasse) d'oignons perlés
- 30 g (¹/₂ tasse) de champignons, en quartiers
- 1 c. à soupe de persil italien frais, haché
- 2 c. à café (2 c. à thé) de jus de citron
- Sel et poivre du moulin

- Dans une grande casserole, faire colorer les cubes de veau, en deux ou trois fois, dans l'huile. Ajouter la carotte et l'oignon et cuire 5 min ou jusqu'à ce que les légumes soient colorés.

- Ajouter la farine et poursuivre la cuisson 1 min en remuant. Ajouter l'ail, le vin, le fond de veau, les tomates et le bouquet garni.

- Laisser mijoter à feu doux environ 2 h.

- Pendant ce temps, dans une poêle, chauffer le beurre et faire sauter les oignons perlés et les champignons de 5 à 10 min.

- Ajouter les oignons et les champignons ainsi que le reste des ingrédients dans la casserole de veau. Rectifier l'assaisonnement et la consistance.

- Servir bien chaud avec des panais rôtis ou en purée.

PÂTES, SALADES, SANDWICHES ET TOURTE

Cannellonis de veau
au fromage de chèvre frais

4 portions · Cuisson : 20 min

PRÉPARATION : 25 MIN

- 12 pâtes à cannellonis
- 480 g (1 lb) de veau haché
- 1 œuf
- 1 c. à soupe de persil italien frais
- 150 g (5 oz) de fromage de chèvre frais aux herbes
- 1 c. à café (1 c. à thé) d'origan frais, haché
- 1 c. à café (1 c. à thé) de poivre vert
- Sel
- 750 ml (3 tasses) de sauce tomate au goût

• Cuire les cannellonis en suivant les indications sur l'emballage. Refroidir à l'eau froide et réserver, ou utiliser des cannellonis ne nécessitant pas de précuisson.

• Mélanger la viande et le reste des ingrédients, à l'exception de la sauce tomate.

• Préchauffer le four à 180 °C (350 °F).

• À l'aide d'une poche à pâtisserie munie d'une douille ronde de la grosseur des cannellonis, farcir les pâtes avec la préparation de viande et de fromage.

• Disposer les cannellonis farcis dans un plat à gratin beurré.

• Recouvrir de sauce tomate et cuire au four environ 20 min. Si on utilise des cannellonis sans précuisson, couvrir hermétiquement de papier d'aluminium et cuire 30 min. Découvrir ensuite et remettre au four 15 min.

• Laisser reposer 5 min avant de servir.

VARIANTE : Saupoudrer de cheddar de chèvre ou de cheddar mi-fort râpé et gratiner.

Coquilles farcies
au veau et aux noix

6 portions · Cuisson : 50 min

- 1 c. à soupe d'huile d'olive
- 1 oignon, ciselé
- 720 g (1 ½ lb) de veau haché
- 1 pot de 340 ml (11 ½ oz) de poivrons rouges rôtis, égouttés et coupés en lanières
- Sel et poivre du moulin
- 125 ml (½ tasse) de vin blanc
- 125 ml (½ tasse) de crème 15 %
- 40 g (⅓ tasse) de noix de Grenoble, hachées
- 10 g (⅓ tasse) de persil italien frais, haché grossièrement

- 480 g (1 lb) de grosses coquilles

- 3 à 4 tomates, en dés
- 3 c. à soupe d'huile d'olive
- Sel et poivre du moulin
- 60 g (½ tasse) de fromage parmesan, râpé

• Faire chauffer l'huile dans une grande poêle et cuire l'oignon à feu élevé pendant 3 min, en remuant sans cesse avec une cuillère de bois. Ajouter le veau et cuire en remuant régulièrement environ 10 min, jusqu'à ce que la viande soit cuite. Ajouter les poivrons, saler et poivrer. Verser le vin et laisser réduire quelques minutes en raclant le fond de la poêle pour récupérer les sucs de viande. Incorporer la crème et laisser mijoter à découvert pendant 5 min, en remuant de temps en temps, jusqu'à ce que la sauce soit réduite. Ajouter les noix et le persil, retirer la casserole du feu et réserver.

• Pendant ce temps, cuire les pâtes dans une grande casserole d'eau bouillante salée, en suivant les indications sur l'emballage. Bien égoutter et refroidir à l'eau froide.

• Préchauffer le four à 180 °C (350 °F).

• Dans un grand plat allant au four de 23 x 33 cm (9 x 13 po), verser les tomates et l'huile, saler et poivrer et mélanger à la cuillère.

• À l'aide d'une cuillère à soupe, farcir les coquilles avec le mélange de veau et les mettre directement sur les tomates. Garnir de parmesan, couvrir de papier d'aluminium et cuire au four de 25 à 30 min.

Alouettes de veau sur linguines

6 portions · Cuisson : 45 min

- Retirer la membrane des saucisses et partager la chair en quatre parts.

- Mettre les escalopes sur une surface de travail. Recouvrir le centre des escalopes de la chair des saucisses.

- Rouler les escalopes en prenant soin de bien enrober la chair des saucisses. Fixer avec des petits bâtonnets de bois (cure-dents) ou ficeler.

- Dans un faitout, chauffer l'huile à feu moyen-élevé. Saler et poivrer les alouettes et les faire revenir 5 min sur toutes leurs faces, en les retournant seulement lorsqu'elles sont bien colorées. Réserver.

- Faire revenir doucement l'oignon pendant 7 min, en remuant régulièrement jusqu'à ce qu'il soit translucide. Ajouter l'ail et poursuivre la cuisson 2 min.

- Remettre les alouettes dans le faitout, ajouter les tomates, le persil et les piments broyés. Saler et poivrer.

- Porter à ébullition, réduire la chaleur et laisser mijoter à découvert 30 min ou jusqu'à ce que la sauce soit suffisamment épaisse.

- Pendant ce temps, cuire les pâtes dans une grande casserole d'eau bouillante salée en suivant les indications sur l'emballage.

- Retirer les alouettes de la sauce et les découper en rouelles. Mélanger la sauce avec les pâtes et servir les rouelles sur un nid de pâtes.

- 3 saucisses italiennes douces
- 4 escalopes de veau de 180 g (6 oz) chacune
- 3 c. à soupe d'huile d'olive
- Sel et poivre du moulin
- 1 oignon, émincé
- 3 gousses d'ail, écrasées
- 1 boîte de 796 ml (28 oz) de tomates en dés
- 3 c. à soupe de persil italien frais, haché grossièrement
- 1/2 c. à café (1/2 c. à thé) de piments broyés

- 480 g de pâtes alimentaires (linguines ou spaghettis)

Fettuccinis au veau à la dijonnaise

4 portions · Cuisson : 25 min

- Dans une grande poêle, chauffer un peu d'huile à feu vif. Faire colorer le quart des lanières de veau rapidement et réserver au chaud. Répéter l'opération jusqu'à ce que toute la viande soit colorée. Saler et poivrer pendant la cuisson. Réserver.

- Dans la même poêle, chauffer le reste de l'huile à feu élevé. Faire revenir les oignons verts, la carotte et le poivron de 5 à 10 min.

- Verser le lait et la farine dans un bocal muni d'un couvercle et mélanger vigoureusement jusqu'à ce que la farine soit parfaitement dissoute. Ajouter le vin dans la poêle ainsi que le mélange de lait et de farine, la moutarde et la coriandre. Porter à ébullition en remuant sans cesse jusqu'à ce que la sauce épaississe. Remettre les lanières dans la poêle et laisser mijoter à feu doux 5 min. Rectifier l'assaisonnement.

- Pendant ce temps, cuire les pâtes en suivant les indications sur l'emballage.

- Mettre les lanières et la sauce sur les pâtes et servir.

- 3 c. à soupe d'huile d'olive
- 480 g (1 lb) de veau, en lanières
- Sel et poivre du moulin
- 2 oignons verts, émincés
- 1 carotte, râpée
- 1 poivron vert ou rouge, en dés
- 250 ml (1 tasse) de lait
- 2 c. à soupe de farine
- 125 ml (1/2 tasse) de vin blanc ou de bouillon de poulet
- 60 ml (1/4 tasse) de moutarde de Dijon
- 1 pincée de coriandre moulue

- 480 g (1 lb) de pâtes fraîches telles que fettuccinis

Rigatonis au veau, aux pois chiches et aux artichauts

PRÉPARATION : 15 MIN

- 4 c. à soupe d'huile d'olive
- 480 g (1 lb) de veau, en lanières
- 1 oignon, ciselé
- 2 gousses d'ail, émincées
- ¼ c. à café (¼ c. à thé) de piments broyés
- 1 boîte de 540 ml (19 oz) de pois chiches, rincés et égouttés
- 1 boîte de 398 ml (14 oz) d'artichauts, égouttés et coupés en quatre
- 180 g (1 tasse) de tomates cerises, coupées en deux
- Sel et poivre du moulin
- 4 c. à soupe de menthe fraîche, hachée
- 4 c. à soupe de persil italien frais, haché
- ½ boîte de 450 g (1 lb) de rigatonis

• Dans une grande poêle, chauffer un peu d'huile à feu élevé. Faire colorer le quart des lanières de veau rapidement et réserver au chaud. Répéter l'opération jusqu'à ce que toute la viande soit colorée. Réserver.

• Dans la même poêle, chauffer le reste de l'huile à feu élevé. Faire revenir l'oignon et l'ail pendant 3 min. Ajouter le reste des ingrédients ainsi que les lanières réservées et laisser mijoter de 5 à 10 min.

• Pendant ce temps, faire cuire les rigatonis en suivant les indications sur l'emballage.

• Mélanger les pâtes et les lanières de veau délicatement à la sauce et servir immédiatement.

Salade de vermicelles au veau

4 portions · Cuisson : 15 min

• Mettre les vermicelles de riz dans un grand bol rempli d'eau bouillante. Les laisser tremper de 2 à 3 min avant de les égoutter. Les rincer à l'eau froide et leur donner quelques coups de ciseaux afin de réduire leur taille. Réserver dans un grand bol.

• Dans une grande poêle, chauffer l'huile à feu élevé et faire revenir les lanières de veau, en deux ou trois fois, tout en remuant régulièrement pendant 5 min. Saler et poivrer durant la cuisson. Ajouter l'oignon, le poivron et les épices puis poursuivre la cuisson 3 min.

• Disposer les lanières et les légumes sur les vermicelles ainsi que le reste des ingrédients. Mélanger délicatement et servir tiède.

- 1 sac de vermicelles de riz de 250 g (environ 8 oz)

- 3 c. à soupe d'huile d'olive
- 480 g (1 lb) de veau, en lanières
- Sel et poivre du moulin
- 1 oignon rouge, pelé et émincé
- 1 poivron rouge, en fines lanières
- 1 c. à soupe de cumin moulu
- 1 c. à soupe de coriandre moulu
- $1/2$ c. à café ($1/2$ c. à thé) de cannelle moulue
- $1/4$ c. à café ($1/4$ c. à thé) de piments broyés

- 100 g (2 tasses) de germes de haricots
- 1 concombre, en julienne
- 90 g ($1/2$ tasse) de raisins secs
- 55 g ($1/2$ tasse) d'amandes effilées, rôties
- 10 g ($1/3$ tasse) de menthe fraîche, hachée
- Le jus et le zeste d'un citron
- 4 c. à soupe de sauce soja

Salade tiède de rôti de surlonge de veau à l'anglaise

6 portions • Cuisson : 40 min

- Préchauffer le four à 220 °C (425 °F).

- Barder le rôti de surlonge avec les tranches de bacon et le ficeler. Mettre le rôti dans une grande lèchefrite. Poivrer généreusement sur tous les côtés. Cuire le rôti au centre du four pendant 20 min jusqu'à ce qu'il soit bien coloré.

- Réduire la chaleur du four à 120 °C (250 °F) et poursuivre la cuisson 20 min ou jusqu'à ce qu'un thermomètre piqué au centre du rôti indique 60 °C (140 °F). Retirer du four et laisser reposer 10 min. La température interne du rôti continuera de monter de 5 degrés.

- Pendant ce temps, préparer la salade.

- Cuire les pommes de terre à l'eau bouillante salée environ 15 min. Égoutter et laisser refroidir 5 min.

- Cuire les pois mange-tout à l'eau bouillante salée environ 3 min. Égoutter et arrêter la cuisson à l'eau froide.

- Verser tous les ingrédients de la vinaigrette dans un bocal muni d'un couvercle, refermer et remuer vigoureusement. Réserver.

- Couper les pommes de terre en deux ou en quatre. Les mettre dans un bol, ajouter la moitié de la vinaigrette et les pois mange-tout et mélanger délicatement.

- Couper le rôti en tranches et les disposer sur quelques feuilles de Boston. Servir avec la salade de pommes de terre et verser le reste de la vinaigrette sur le tout. Garnir avec le fromage bleu.

- 720 g (1 ½ lb) de rôti de surlonge de veau
- 6 à 8 tranches de bacon
- Poivre du moulin

SALADE
- 480 g (1 lb) de pommes de terre grelots rouges
- 480 g (1 lb) de pois mange-tout, parés

VINAIGRETTE
- 1 c. à soupe de moutarde à l'ancienne
- 1 c. à soupe de sauce Worcestershire
- 60 ml (¼ tasse) de vinaigre de vin rouge
- Sel et poivre du moulin
- 160 ml (⅔ tasse) d'huile d'olive

- 1 laitue Boston
- 120 g (4 oz) de fromage bleu, émietté

Salade tiède de bifteck de contre-filet de veau à la normande

4 portions · Cuisson : 10 min

- 1 c. à soupe de graines d'anis
- 1 c. à soupe de graines de moutarde
- 1 c. à café (1 c. à thé) de poivre du moulin
- 4 biftecks de contre-filet de veau de 150 g (5 oz) chacun

VINAIGRETTE
- 1 c. à soupe de moutarde de Dijon
- 2 c. à soupe de concentré de jus de pomme surgelé, décongelé
- 2 c. à soupe de vinaigre de cidre
- Sel et poivre du moulin
- 60 ml ('/4 tasse) d'huile d'olive
- 2 c. à soupe d'huile de noix

- 2 c. à café (2 c. à thé) de gros sel
- 2 c. à soupe d'huile d'olive
- 2 pommes, évidées et coupées en fines tranches
- 3 endives, émincées
- '/2 concombre anglais, en fines tranches
- 1 botte de roquette ou 1 pomme de scarole

• Dans un mortier, écraser les graines d'anis et de moutarde et le poivre. À défaut d'un mortier, broyer les épices sur une surface de travail en les écrasant avec une petite casserole à fond épais. Enrober les biftecks avec les épices, en frottant pour bien les faire pénétrer. Laisser reposer 30 min à température ambiante.

• Pendant ce temps, dans un grand bol, à l'aide d'un fouet, mélanger la moutarde, le concentré de jus de pomme, le vinaigre, le sel et le poivre. Ajouter l'huile d'olive et l'huile de noix en filet en remuant sans cesse. Réserver.

• Saler la viande avec le gros sel. Sur le barbecue préchauffé ou dans une poêle en fonte, avec 2 c. à soupe d'huile à feu moyen-élevé, cuire les biftecks 4 min de chaque côté, en réduisant la chaleur au besoin pour éviter de brûler les épices.

• Retirer les biftecks de la poêle et les réserver au chaud dans une assiette. Recouvrir de papier d'aluminium.

• Dans un bol, mettre les pommes, les endives, le concombre et la roquette et bien mélanger avec la vinaigrette réservée.

• Disposer la salade au centre de 4 assiettes. Couper la viande en lanières et la mettre directement sur la salade. Servir immédiatement.

INGRÉDIENTS

- 3 c. à soupe d'huile d'olive
- 480 g (1 lb) de veau, en lanières
- Sel et poivre du moulin
- $\frac{1}{2}$ c. à café ($\frac{1}{2}$ c. à thé) de piments broyés
- 4 c. à soupe de mayonnaise
- 3 c. à soupe de pesto
- 2 petits oignons jaunes, pelés et coupés en rondelles
- 4 pains ciabbata aux olives, coupés en deux
- 4 tranches de fromage provolone (facultatif)
- 70 g (1 $\frac{1}{2}$ tasse) de laitues mélangées

• Dans une grande poêle, chauffer 1 c. à soupe d'huile à feu élevé et faire colorer les lanières de veau, en deux fois, en remuant régulièrement pendant 5 min. Saler et poivrer. Ajouter les piments broyés pendant la cuisson. Réserver.

• Mélanger la mayonnaise et le pesto dans un petit bol.

• Faire revenir, à feu moyen, les oignons pendant 10 min en remuant régulièrement, jusqu'à ce qu'ils soient dorés. Ajouter les lanières de veau.

• Tartiner la partie supérieure interne des 4 pains avec la mayonnaise au pesto. Garnir la partie inférieure des pains avec la viande, recouvrir avec les tranches de provolone et terminer avec la laitue mélangée. Coiffer chaque sandwich avec la partie supérieure des pains et servir avec un jus de tomate bien poivré.

Tourte au veau à la bière et au poivre vert

6 à 8 portions · Cuisson : 2 h 30 min

- Dans un sac de congélation, mettre la farine, le sel et le poivre. Ajouter les cubes et les rognons de veau et mélanger pour bien les enrober.

- Faire revenir les cubes et les rognons dans l'huile et le beurre, en trois ou quatre fois, sur toutes leurs faces en les retournant seulement lorsqu'ils sont bien colorés, environ 5 min chaque fois. Réserver dans un bol.

- Faire revenir l'oignon 5 min, jusqu'à ce qu'il soit doré, en remuant régulièrement. Ajouter les champignons et faire revenir 5 min à feu moyen-élevé en remuant régulièrement. Ajouter l'ail et poursuivre la cuisson 1 min.

- Ajouter les cubes, les rognons, le jus de cuisson, la bière, le fond de veau, la sauce Worcestershire, la pâte de tomates et le poivre vert. Porter à ébullition, réduire la chaleur et laisser mijoter à mi-couvert pendant 1 h 30. Verser le mélange de viande dans une assiette à tarte de 20 cm (8 po) de diamètre et 4 cm (1 1/2 po) de profondeur ou dans 4 bols de 400 ml (14 oz). Laisser tiédir 30 min.

- Préchauffer le four à 200 °C (400 °F).

- Abaisser la pâte et couvrir le dessus de la tourte en prenant soin de mouiller le rebord du moule avec l'œuf battu afin que la pâte adhère bien au pourtour du récipient. Badigeonner le dessus de la pâte et pratiquer quelques incisions pour laisser évacuer l'humidité.

- Cuire au four jusqu'à ce que la pâte soit bien dorée, environ 35 min pour l'assiette à tarte ou 20 min pour les bols individuels.

- 3 c. à soupe de farine
- Sel et poivre du moulin
- 480 g (1 lb) de cubes de veau à braiser
- 480 g (1 lb) de rognons de veau, parés et coupés en cubes de 2 cm (1 po)
- 2 c. à soupe d'huile d'olive
- 1 c. à soupe de beurre
- 1 gros oignon, pelé et haché finement
- 1 barquette de 227 g (8 oz) de champignons de Paris, coupés en quatre
- 2 gousses d'ail, hachées finement
- 250 ml (1 tasse) de bière corsée (rousse ou brune)
- 250 ml (1 tasse) de fond de veau
- 2 c. à soupe de sauce Worcestershire
- 2 c. à soupe de pâte de tomates
- 2 c. à café (2 c. à thé) de grains de poivre vert dans la saumure ou séchés, hachés grossièrement
- 1 œuf battu avec 1 c. à soupe de lait
- 1/2 paquet de pâte feuilletée de 400 g (14 oz)

PLATS DU SAMEDI SOIR

Joues de veau braisées
à la bière d'épinette

4 portions · Cuisson : 2 h

- Préchauffer le four à 160 °C (325 °F).

- Saler et poivrer les joues. Dans un faitout, faire revenir les joues dans l'huile à feu moyen-élevé 5 min sur toutes leurs faces, en les retournant seulement lorsqu'elles sont bien colorées. Réserver.

- Dans le même faitout, ajouter l'oignon, la carotte, le poireau et le céleri. Saler et poivrer et faire revenir à feu doux à mi-couvert en remuant régulièrement pendant 15 min.

- Ajouter le thym, l'ail et les joues. Verser la bière d'épinette, porter à ébullition et laisser réduire de moitié. Ajouter le fond de veau de façon à couvrir les joues.

- Cuire au four à couvert pendant au moins 1 h 30 ou jusqu'à ce que les joues soient tendres. Retirer les joues à l'aide d'une cuillère à égoutter et réserver au chaud. Filtrer la sauce dans une passoire et la remettre à chauffer dans une casserole. Porter à ébullition et laisser réduire de moitié pendant 5 à 10 min. Remettre les joues dans le liquide réduit. Garder au chaud.

- Servir avec une purée de panais parfumée au thym.

- 8 joues de veau, parées
- Sel et poivre du moulin
- 3 c. à soupe d'huile de tournesol
- 1 oignon, pelé et coupé en 8
- 1 carotte, pelée et coupée en tronçons
- 1 blanc de poireau, en tronçons
- 2 branches de céleri, en tronçons
- 1 brin de thym
- 2 gousses d'ail, hachées
- 250 ml (1 tasse) de bière d'épinette
- 500 ml (2 tasses) de fond de veau

Biftecks de contre-filet aux noisettes, coulis de poivrons rouges

PRÉPARATION : 40 MIN

4 portions · Cuisson : 20 min

- 2 poivrons rouges, coupés en deux et épépinés ou 1 pot de 340 g (12 oz) de poivrons rôtis, égouttés
- Sel et poivre du moulin
- 1 c. à soupe d'estragon frais
- 2 c. à soupe d'huile d'olive
- 100 g (1 tasse) de noisettes, réduites en chapelure grossière à l'aide d'un robot de cuisine
- 60 g (1/3 tasse) de farine
- Sel et poivre du moulin
- 1 œuf
- 2 c. à soupe d'eau
- 4 biftecks de contre-filet de veau de 150 g (5 oz) chacun
- 3 c. à soupe d'huile d'olive

• Préchauffer l'élément supérieur du four à intensité maximale *(broil)*. Mettre les poivrons, côté peau vers le haut, sur une plaque de cuisson et les badigeonner d'huile d'olive. Saler et poivrer. Cuire au four 10 min ou jusqu'à ce que la peau des poivrons soit bien colorée. Retirer les poivrons du four, les mettre dans un bol et recouvrir d'une pellicule plastique. Laisser reposer 5 min.

• Retirer la peau des poivrons. À l'aide d'un robot de cuisine ou d'un mélangeur, réduire les poivrons en purée. Ajouter l'estragon et 2 c. à soupe d'huile en filet afin d'obtenir un coulis texturé. Réserver et tenir au chaud.

• Mettre les noisettes broyées dans un plat peu profond.

• Mettre la farine dans un autre plat peu profond. Saler et poivrer généreusement et mélanger.

• Dans un troisième plat peu profond, battre l'œuf à l'aide d'une fourchette avec 2 c. à soupe d'eau.

• Éponger les biftecks avec un papier absorbant et les enfariner sur tous les côtés en enlevant l'excédent.

• Tremper les biftecks dans l'œuf battu pour bien les enrober en laissant égoutter l'excédent.

• Recouvrir les biftecks avec les noisettes, en pressant légèrement pour bien les couvrir.

• Dans une poêle antiadhésive, chauffer l'huile à feu moyen-doux et cuire les biftecks 5 min de chaque côté ou jusqu'à ce qu'ils soient bien dorés, en réduisant la chaleur au besoin pour éviter de brûler la croûte de noisettes. On peut aussi colorer la surface des biftecks à la poêle et terminer la cuisson au four, à 180 °C (350 °F), pendant 10 min.

• Disposer les biftecks dans des assiettes, napper avec le coulis de poivrons chaud et servir avec une salade de roquette.

PLATS DU SAMEDI SOIR   97

Côtelettes de veau à la fondue de poireaux et au fromage emmental

4 portions · Cuisson : 20 min

- • 4 côtelettes de veau de 180 g (6 oz) chacune
- • Sel et poivre du moulin
- • 1 c. à soupe d'huile d'olive
- • 360 g (2 tasses) de blanc de poireau, en fines tranches (1 gros poireau)
- • 3 c. à soupe de beurre
- • 125 ml (½ tasse) de fond de veau
- • 125 ml (½ tasse) de crème 35 %
- • 90 g (3 oz) de fromage emmental, râpé

• Saler et poivrer les côtelettes de veau. Dans une grande poêle, chauffer l'huile et cuire les côtelettes à feu moyen-élevé, environ 3 à 4 min de chaque côté pour bien les colorer, en les retournant une seule fois durant la cuisson.

• Retirer les côtelettes de la poêle et les réserver au chaud dans une assiette. Recouvrir de papier d'aluminium. Jeter le gras de cuisson.

• Faire revenir doucement le poireau dans le beurre pendant 5 min, en remuant régulièrement, jusqu'à ce qu'il soit translucide. Ajouter le fond de veau. Saler et poivrer. Porter à ébullition, réduire la chaleur et laisser mijoter à feu moyen-élevé de 3 à 4 min. Incorporer la crème et laisser réduire encore de 2 à 3 min ou jusqu'à ce que la sauce ait une consistance permettant de napper le dos d'une cuillère. Ajouter le fromage et réchauffer.

• Disposer les côtelettes dans des assiettes chaudes, les napper de sauce et servir avec une salade de chayotes et de poires enrobées d'une vinaigrette citronnée.

Côtes de veau, sauce aux champignons

4 portions · Cuisson : 25 min · Temps d'attente : 30 min

- • 30 g (1 oz) de morilles ou d'un mélange de champignons sauvages déshydratés
- • 175 ml (¾ tasse) d'eau bouillante
- • 4 côtes de veau de 280 g (10 oz) chacune, parées à la française
- • Sel et poivre du moulin
- • 2 c. à soupe d'huile d'olive
- • 4 échalotes françaises, émincées
- • 3 c. à soupe de beurre
- • 1 barquette de 228 g (8 oz) de pleurotes frais ou de champignons de Paris frais
- • 8 chanterelles, en gros morceaux
- • 125 ml (½ tasse) de sauce demi-glace ou de fond de veau
- • 160 ml (⅔ tasse) de crème 35 %
- • 1 c. à soupe d'estragon frais

• Mettre les champignons déshydratés dans un petit bol et verser l'eau bouillante. Laisser tremper 30 min.

• Préchauffer le four à 180 °C (350 °F).

• Saler et poivrer les côtes. Dans une grande poêle, cuire les côtes dans l'huile à feu moyen-élevé environ 2 à 3 min de chaque côté pour bien les colorer, en les retournant une seule fois pendant la cuisson. Disposer les côtes sur une plaque de cuisson. Cuire au four de 10 à 15 min pour terminer la cuisson. Réserver dans une assiette et recouvrir de papier d'aluminium.

• Pendant ce temps, jeter le gras de cuisson. Faire revenir doucement les échalotes dans le beurre en remuant pendant 3 min, à feu doux, jusqu'à ce qu'elles soient translucides. Ajouter les pleurotes et les chanterelles puis faire revenir à feu moyen-élevé environ 5 min jusqu'à ce qu'ils soient colorés.

• Retirer les champignons sauvages de leur eau de trempage et les ajouter aux autres champignons. Passer l'eau de trempage à travers un tamis pour retirer les grains de sable et l'ajouter aux champignons.

• Ajouter la sauce demi-glace. Saler et poivrer. Porter à ébullition, réduire la chaleur et laisser mijoter à feu moyen-élevé pendant 5 min. Ajouter la crème et l'estragon et laisser réduire encore 5 min ou jusqu'à ce que la sauce ait une consistance permettant de napper le dos d'une cuillère.

• Dresser les côtes dans les assiettes. Napper avec la sauce aux champignons. Servir avec des tagliatelles et des asperges vapeur.

Filet de veau, sauce aux poires

8 portions · Cuisson : 50 min

- Sel et poivre du moulin
- 960 g (2 lb) de tête de filet ou de grenadin de veau
- 3 c. à soupe d'huile d'olive
- 3 échalotes françaises, émincées
- 1 brin de thym
- 2 c. à soupe de beurre
- 2 poires, en dés
- 60 ml (¼ tasse) de poire Williams ou de calvados
- 125 ml (½ tasse) de sauce demi-glace
- 125 ml (½ tasse) de crème 35 %

• Préchauffer le four à 180 °C (350 °F).

• Saler et poivrer le filet de veau. Chauffer l'huile dans une grande poêle à feu moyen-élevé. Faire revenir le filet environ 5 min pour bien le colorer sur tous les côtés, en le retournant lorsque la viande est dorée. Mettre le filet sur une plaque de cuisson. Cuire au four 25 min pour terminer la cuisson. Au thermomètre à viande, la température doit indiquer 60 °C (140 °F) pour une cuisson rosée. Retirer du four, couvrir de papier d'aluminium et laisser reposer 10 min. La température interne du rôti augmentera de 5 degrés.

• Pendant ce temps, jeter le gras de cuisson. Faire revenir doucement les échalotes et le thym dans le beurre pendant 5 min, en remuant régulièrement, jusqu'à ce qu'elles soient dorées. Ajouter les poires et faire revenir à feu moyen-élevé environ 5 min, jusqu'à ce qu'elles soient colorées.

• Déglacer avec la poire Williams, en raclant le fond de la poêle à l'aide d'une cuillère de bois pour récupérer les sucs de viande, et laisser réduire de moitié, environ 30 sec. Ajouter la sauce demi-glace. Saler et poivrer. Porter à ébullition, réduire la chaleur et laisser mijoter à feu moyen-élevé 5 min. Ajouter la crème et laisser réduire encore 5 min ou jusqu'à ce que la sauce ait une consistance qui permette de napper le dos d'une cuillère.

• Couper le filet en tranches. Verser une part de sauce dans les assiettes et disposer les tranches de veau. Servir accompagné de tagliatelles et de haricots verts au beurre.

Foie de veau, échalotes fondantes et dentelles croustillantes de pancetta

6 portions · Cuisson : 30 min

PRÉPARATION : 30 MIN

- Préchauffer le four à 180 °C (350 °F).

- Aligner les tranches de pancetta sur une plaque de cuisson recouverte de papier sulfurisé. Cuire au four de 5 à 10 min ou jusqu'à ce qu'elles soient bien dorées et croustillantes. Réserver.

- Chauffer 3 c. à soupe de beurre dans une casserole à feu moyen. Ajouter les échalotes et les faire revenir environ 7 min, jusqu'à ce qu'elles soient légèrement colorées. Ajouter le bouillon de poulet et le sucre. Cuire à feu vif jusqu'à évaporation du liquide. Ajouter le vin, réduire la chaleur à moyen-élevé et laisser réduire de moitié. Retirer du feu, ajouter 3 c. à soupe de beurre et bien mélanger. Réserver au chaud.

- Chauffer 2 c. à soupe de beurre dans une grande poêle antiadhésive à feu moyen-élevé. Lorsqu'il est couleur noisette, ajouter les tranches de foie de veau, deux à la fois. Cuire 2 min de chaque côté, selon l'épaisseur. Le foie doit être encore légèrement rosé à l'intérieur. Réserver dans une assiette et recouvrir de papier d'aluminium.

- Dresser les tranches de foie dans des assiettes. Ajouter une part d'échalotes fondantes et disposer joliment les dentelles de pancetta. Servir avec une pomme de terre au four garnie de crème sure aux herbes.

- 18 tranches très minces de pancetta

ÉCHALOTES FONDANTES
- 120 g (½ tasse) de beurre
- 24 petites échalotes françaises entières, pelées
- 175 ml (¾ tasse) de bouillon de poulet
- 1 c. à café (1 c. à thé) de sucre blanc
- 125 ml (½ tasse) de vin rouge

- 6 escalopes de foie de veau de 180 g (6 oz) chacune

Paupiettes de veau à l'alsacienne

4 portions · Cuisson : 40 min

FARCE

- 480 g (1 lb) de veau haché
- 25 g (¼ tasse) de noix de Grenoble, hachées grossièrement
- 60 ml (¼ tasse) de moutarde à l'ancienne
- 1 c. à café (1 c. à thé) de zeste de citron
- 1 c. à café (1 c. à thé) de baies de genièvre
- Une pincée de muscade moulue
- Sel et poivre du moulin au goût

- 4 escalopes de veau de 150 g (5 oz) chacune
- 1 c. à soupe d'huile d'olive
- 1 c. à soupe de beurre
- Sel et poivre du moulin
- 250 ml (1 tasse) de vin blanc
- 125 ml (½ tasse) de sauce demi-glace

- • Dans un petit bol, bien mélanger tous les ingrédients de la farce.

- • Mettre le quart de la farce sur chaque escalope et les rouler en paupiettes. Ficeler en croix.

- • Dans une poêle, chauffer l'huile et le beurre à feu élevé jusqu'à ce que le beurre mousse. Saler et poivrer les paupiettes et les saisir 3 à 4 min de chaque côté, en les retournant sur toutes leurs faces pour bien les colorer. Ajouter le vin en raclant le fond de la poêle à l'aide d'une cuillère de bois pour récupérer les sucs de viande et laisser réduire de moitié environ 5 min.

- • Ajouter la sauce demi-glace, couvrir à moitié et laisser mijoter 30 min. Rectifier l'assaisonnement au besoin.

- • Couper les paupiettes en rouelles et les servir accompagnées d'une purée de patates douces et de chou de Savoie tombé doucement au beurre pendant 10 min.

Rosettes de veau farcies aux épinards et au fromage suisse

4 portions · Cuisson : 30 min

- 4 escalopes de veau de 180 g (6 oz) chacune
- 4 tranches de fromage suisse
- 50 g (2 tasses) de jeunes pousses d'épinards
- 2 c. à soupe d'huile d'olive
- Sel et poivre du moulin
- 250 ml (1 tasse) de sauce demi-glace
- 75 g (½ tasse) de tomates séchées, émincées
- 1 brin de thym frais ou 1 c. à café (1 c. à thé) de thym séché

- • Mettre les escalopes de veau sur une surface de travail. Recouvrir chaque escalope avec une tranche de fromage et 15 g (½ tasse) de pousses d'épinards.

- • Rouler les escalopes en s'assurant que le fromage reste bien en place. Ficeler à 3 endroits et découper les boudins en 3 rosettes par escalope.

- • Préchauffer le four à 180 °C (350 °F).

- • Dans une poêle antiadhésive, chauffer l'huile à feu moyen-élevé. Saler et poivrer les rosettes et les saisir 3 min de chaque côté pour bien les colorer, en les retournant délicatement.

- • Ajouter la sauce demi-glace en raclant le fond de la poêle à l'aide d'une cuillère de bois pour récupérer les sucs de viande. Ajouter les tomates séchées et le thym. Vérifier l'assaisonnement. Couvrir la poêle et la poignée de papier d'aluminium. Cuire au four 15 min, retirer le papier d'aluminium et poursuivre la cuisson 10 min jusqu'à ce que le dessus soit doré.

- • Servir les rosettes accompagnées d'une purée de courge musquée et d'une salade de betteraves.

Tartare de filet de veau à l'orientale

4 portions

PRÉPARATION : 25 MIN

- Hacher le filet de veau sur une surface de travail à l'aide d'un couteau bien affûté. Réserver au réfrigérateur.

- Dans un bol, mélanger au fouet ou à la fourchette les jaunes d'œufs, la moutarde, la sauce hoisin, la sauce Worcestershire, le Tabasco et l'huile de sésame. Saler et poivrer.

- En remuant sans cesse, verser l'huile d'arachide en filet pour obtenir une sauce homogène.

- Ajouter le gingembre et les oignons verts puis mélanger.

- Ajouter le veau haché et bien mélanger.

- Façonner le mélange en galettes et servir dans des assiettes bien froides avec des chips de taro et une salade de chou nappa.

- 600 g (1 1/4 lb) de filet de veau
- 2 jaunes d'œufs
- 2 c. à soupe de moutarde de Dijon
- 2 c. à soupe de sauce hoisin
- 2 c. à café (2 c. à thé) de sauce Worcestershire
- Tabasco ou sambal oelek au goût
- 1 c. à café (1 c. à thé) d'huile de sésame grillé
- Sel et poivre du moulin
- 3 c. à soupe d'huile d'arachide
- 2 c. à soupe de gingembre mariné, haché
- 3 oignons verts, finement ciselés ou 20 g (1/2 tasse) de ciboulette

Tournedos de veau grillés piqués au parmesan

4 portions · Cuisson : 10 min

PRÉPARATION : 25 MIN

- 1 morceau de 60 g (2 oz) de fromage parmesan bien froid
- 4 tranches de filet de veau de 180 g (6 oz)
- 4 tranches de pancetta, déroulées ou de bacon
- Huile d'olive
- Poivre du moulin
- 1 barquette de 228 g (8 oz) de pleurotes
- 4 grappes de tomates cerises sur la tige

• Couper le morceau de parmesan en bâtonnets de 6 mm (¼ po) de diamètre.

• À l'aide d'une baguette chinoise, transpercer le côté des tranches de filet d'un bord à l'autre pour former des orifices qui traversent entièrement les tournedos. Insérer les bâtonnets de parmesan dans les orifices en poussant avec les doigts.

• Enrouler les tournedos avec les tranches de pancetta et ficeler pour bien les reformer.

• Préchauffer le barbecue. Badigeonner les tournedos d'huile. Poivrer généreusement.

• Cuire les tournedos sur la grille du barbecue, environ 10 min selon la cuisson désirée, en les retournant une seule fois durant la cuisson.

• Pendant ce temps, griller les légumes préalablement huilés et assaisonnés environ 5 min en les retournant à quelques reprises. Garnir de feuilles de sauge et servir.

Veau parmigiana

4 portions · Cuisson : 15 min

- Éponger les escalopes avec un papier absorbant.

- Mettre la farine dans un plat peu profond. Saler et poivrer généreusement.

- Dans un petit bol, battre les œufs légèrement à la fourchette et ajouter l'eau.

- Dans un autre plat peu profond, mélanger le parmesan, la chapelure et l'origan.

- Mettre les escalopes dans le plat de farine et les enrober entièrement en retirant l'excédent de farine.

- Tremper les escalopes dans le bol d'œufs en laissant égoutter l'excédent.

- Recouvrir les escalopes avec le mélange de chapelure, en pressant légèrement pour que le mélange adhère.

- Dans une poêle, chauffer l'huile à feu élevé et cuire les escalopes, deux à la fois, 1 à 2 min de chaque côté ou jusqu'à ce qu'elles soient bien dorées.

- Préchauffer l'élément supérieur du four à intensité maximale *(broil)*.

- Mettre les escalopes dans un plat à cuisson de 23 x 33 cm (9 x 13 po). Les napper de sauce tomate et couvrir de mozzarella.

- Cuire dans le haut du four de 3 à 5 min ou jusqu'à ce que le fromage soit bien gratiné. Servir avec une salade de cresson.

- 4 escalopes de veau de 180 g (6 oz) chacune
- 90 g (½ tasse) de farine
- Sel et poivre du moulin
- 2 œufs
- 2 c. à soupe d'eau
- 90 g (¾ tasse) de parmesan, râpé
- 90 g (¾ tasse) de chapelure
- 1 c. à café (1 c. à thé) d'origan séché
- 3 c. à soupe d'huile d'olive
- 500 ml (2 tasses) de sauce tomate
- 180 g (1 ½ tasse) de mozzarella, râpée

PRÉPARATION : 40 MIN

8 portions · Cuisson : 1 h · Temps d'attente : 45 min

- 1,5 kg (3 lb) de filet de veau
- Sel et poivre du moulin
- 1 c. à soupe d'huile d'olive
- 3 c. à soupe de beurre
- 2 barquettes de champignons de Paris, hachés
- 225 g (8 oz) de pâté de foie gras
- 400 g (environ 14 oz) de pâte feuilletée du commerce
- 1 jaune d'œuf, battu

• Préchauffer le four à 180 °C (350 °F).

• Ficeler le filet de veau en prenant soin de replier la queue du filet afin d'obtenir un boudin de diamètre relativement uniforme. Saler et poivrer.

• Dans une grande poêle à fond épais, chauffer l'huile et 1 c. à soupe de beurre à feu élevé jusqu'à ce que le beurre mousse. Faire revenir le filet 5 à 8 min sur toutes ses faces, en le retournant seulement lorsqu'il est bien coloré.

• Cuire au four 25 min ou jusqu'à ce qu'un thermomètre piqué au centre du filet indique 50 °C (120 °F). Retirer du four et laisser refroidir complètement. Réserver le jus de cuisson. Retirer les ficelles du filet.

• Dans la même poêle, cuire les champignons dans le reste du beurre à feu élevé, en remuant régulièrement pendant 5 min ou jusqu'à ce que l'eau de végétation soit complètement évaporée. Saler et poivrer. Laisser refroidir complètement.

• Tartiner toute la surface du filet avec le pâté de foie gras.

• Sur une surface de travail enfarinée, abaisser la pâte feuilletée en un rectangle de 30 x 50 cm (12 x 20 po). Étendre environ le quart des champignons au centre de la pâte feuilletée sur une bande aussi longue que le filet. Mettre le filet sur la bande de champignons.

• Recouvrir le filet avec le reste des champignons en pressant pour les faire adhérer.

• Badigeonner le pourtour de la pâte avec l'œuf battu. Replier les 2 petites extrémités de pâte sur le filet et rabattre les longs côtés sur le filet de veau, de façon à l'emprisonner dans la pâte. Presser les joints de pâte pour bien sceller. Garder au froid jusqu'au moment de la cuisson.

• Préchauffer le four à 200 °C (400 °F). Cuire le filet au centre du four pendant 30 min.

• Retirer du four et laisser reposer 5 à 10 min. Sur une planche à découper, couper de belles tranches de 1 cm (½ po) et servir avec une salade de cresson.

DIVERS

Fond de veau onctueux

Rendement : 1,5 litre (6 tasses) · Cuisson : 3 h 30 min

- Préchauffer le four à 200 °C (400 °F).

- Répartir les os dans une grande rôtissoire, sans aucune matière grasse. Cuire au four 1 h. Ajouter les carottes et les oignons, en les répartissant uniformément sur les os. Remettre au four 30 min. Ajouter la pâte de tomates en la laissant tomber à la cuillère sur les os et les légumes. Remettre au four 30 min ou jusqu'à ce que le tout soit bien coloré.

- Transvaser le contenu de la rôtissoire dans une grande casserole. Ajouter le laurier, le poivre, l'ail, le céleri, le thym et l'eau. Ne pas saler.

- Cuire à feu moyen-élevé. Lorsque le fond de veau commence à mijoter, réduire la chaleur afin d'obtenir une ébullition lente et régulière. Ajouter les champignons après 45 min de cuisson. Écumer régulièrement pour éviter que le fond ne soit trouble. Laisser mijoter 1 h 30 ou jusqu'à ce que le liquide ait diminué de moitié.

- Mettre une passoire sur un grand bol en acier inoxydable ou en verre. Verser tout le fond de veau à l'aide d'une grande louche. On obtient environ 1,5 litre (6 tasses). Laisser refroidir à température ambiante avant de réfrigérer. Enlever le gras solidifié en surface et le jeter. Le fond peut être employé immédiatement ou être congelé dans des contenants de 250 ml (1 tasse) ou dans des bacs à glaçons.

* Demander au boucher de concasser les os de veau en morceaux de 4 cm (1 ½ po) environ.

- 2 kg (4 ½ lb) d'os de veau*
- 4 carottes de grosseur moyenne, en rondelles épaisses
- 3 oignons jaunes de grosseur moyenne, en quartiers
- 90 g (½ tasse) de pâte de tomates
- 1 feuille de laurier
- 10 grains de poivre noir
- 2 gousses d'ail entières, pelées
- 1 petite branche de céleri, en tronçons de 1 cm (½ po)
- 3 brins de thym frais
- 3 litres (12 tasses) d'eau fraîche
- 8 champignons blancs, en tranches

Index des recettes

Achevé d'imprimer au Canada
sur les presses des Imprimeries Transcontinental Inc.